i

Novo

Testamento

Christos

Edição Almeida Christos
© Vital Foundation, USA

Novo Testamento Christos
Edição Christos

Baseada na versão João Ferreira de Almeida 1819
para o Novo Testamento Christos.
Copyright © 2020 por Vital Foundation

ISBN 978-0-578-73140-7

Novo Testamento Christos. Versão evangelismo capa deserto

Terceira Edição

©Vital Foundation, 2020
Germantown, Maryland – U.S.A

www.VitalCenter.com
Vital@usa.com

O Novo Testamento Christos não é afiliado a nenhuma organização religiosa, entretanto, pode ser utilizado por qualquer entidade que pretenda divulgar os ensinamentos de Jesus.

Dedicatória

Dedico este livro ao Pr. Vital Barreto Pereira, que deu a sua vida pelo Evangelho, e à Profª Ilseny Figueiredo Pereira. Ambos me ensinaram a amar ao Senhor Jesus Cristo desde muito cedo. Sem eles, nada disso teria sido possível.

Vital Jr.

Prefácio

O Novo Testamento Christos difere de qualquer Novo Testamento antes catalogado. Inclui unicamente o registro dos fatos da vida e a mensagem de Jesus em ordem cronológica, entrelaçando narrativas da maioria dos discípulos que viveram e andaram com Ele, contendo fatos que datam antes do seu nascimento até depois da sua ascensão. É um texto de leitura compreensível e descomplicada, estruturado sem o uso de capítulos ou de versículos. É, portanto, ideal para o evangelismo, pois inclui o plano completo da redenção, como também a oração dedicatória para a salvação, assim como todos os benefícios do novo nascimento. Desse modo, constitui-se em uma ferramenta eficaz para o conhecimento e a propagação da mensagem do Evangelho de Jesus Cristo.

O Novo, revela originalidade, novidade, singularidade. O inédito, algo que nunca existiu antes.

Testamento é a manifestação do último desejo de um indivíduo, em que declara suas últimas vontades e estabelece a disposição de tudo aquilo que lhe pertence. Livre manifestação de vontade. Os testamentos contêm determinações, tais como: a nomeação de herdeiros, o reconhecimento de filhos, a delegação de poder e a autoridade em seu nome.

Christos significa "ungido", deriva do grego χριω (chrio): "para ungir". Este era o nome aplicado a Jesus pelos primeiros cristãos de fala grega. É uma tradução da palavra hebreia מָשִׁיחַ(mashiyach), Messias, que também significa "ungido".

A missão do Novo Testamento Christos é difundir a história e os ensinamentos de Jesus na sua totalidade de uma forma simples, com a comodidade da harmonização dos quatro evangelhos em ordem cronológica, em um único livro.

E disse-lhes: "Ide por todo o mundo, pregai o Evangelho a toda criatura." Mc 16:15 "Mas como poderão invocá-lo se não crerem nele? E como crerão nele se jamais tiverem ouvido a seu respeito? E como ouvirão a seu respeito se ninguém lhes falar? E como alguém falará se não for enviado?" (Rm 10:14-15).

Introdução

Talvez você já tenha se perguntado sobre Deus, sobre a vida, ou sobre o fim de todas as coisas. Essas são as perguntas mais importantes da vida; e, para compreendê-las, primeiro temos que entender que tudo o que é visível é também passageiro e que tudo o que é invisível é eterno. Aquilo que você vê quando se olha no espelho está se transformando todos os dias, mas aquilo que ninguém pode ver vai existir para sempre. Um Deus invisível te criou visível, mas com uma essência eterna que Ele conhece muito bem.

A Bíblia nos revela que Jesus é a imagem do Deus invisível e o primogênito de toda a criação. Ele nos criou à sua imagem e semelhança porque Ele conhece os planos que tem para nós, planos de paz, prosperidade, e não de nos causar dano; planos de esperança e de um futuro.

À medida que nos aproximamos de Deus e de sua palavra, as respostas a essas perguntas ficam mais claras, pois agrada a Deus fazer-nos compreender o Seu amor e o plano de salvação que Ele tem para a nossa vida. Você não vai entender de onde veio, ou para onde está indo, ou o que está fazendo aqui, se não souber quem o criou e com que propósito.

Deus criou você para ser um sucesso. Ele lhe deu talentos e habilidades únicas, que talvez você nem saiba que possui. Ele lhe deu uma identidade única e nunca haverá alguém igual a você. É por isso que Ele te ama tanto. Você é um ser raro e especial, que Ele projetou perfeitamente para a Sua glória. Por causa deste amor, Ele enviou Seu Filho para fazer um caminho de reconciliação entre Deus e os homens.

Jesus disse: "e ao que vem a mim, de maneira nenhuma o lançarei fora. Porque eu desci do céu, não para fazer minha vontade, mas sim a vontade daquele que me enviou; E esta é a vontade do Pai, que me enviou: que de tudo quanto me deu, nada se perca, mas que eu o ressuscite no último dia. E esta é a vontade daquele que me enviou, que todo aquele que vê ao Filho, e nele crê, tenha a vida eterna; e eu o ressuscitarei no último dia" (Jo 6:37b).

E conhecereis a verdade, e a verdade vos libertará (Jo 8:32).

O plano de salvação

Somos todos filhos de Deus?

No princípio Adão e Eva eram filhos de Deus até o momento em que desobedeceram a Deus, então morreram espiritualmente e foram expulsos do Jardim do Éden, "porque todos pecaram, e estão destituídos da glória de Deus" (Rm 3:23).

Todas as pessoas são criaturas de Deus, mas não são necessariamente filhos de Deus. Voltamos a ser filhos de Deus somente quando aceitamos o caminho da reconciliação através do sacrifício, morte e ressurreição de Jesus Cristo "**Mas a todos quantos o receberam, deu-lhes poder de serem feitos filhos de Deus**" (Jn 1:12).

Veja que nos tornamos filhos pela fé. "pois todos vós sois filhos de Deus por meio da fé em Cristo Jesus; pois todos vós que fostes batizados em Cristo já vos revestistes de Cristo" (Gal 3:26-27).

Entendendo o amor de Deus pela humanidade

"Aquele que não ama não conhece a Deus; porque Deus é amor. Nisto o amor de Deus se manifestou por nós: que Deus enviou a seu único Filho ao mundo, para que vivamos por meio dele. Nisto está o amor, não que nós tenhamos amado a Deus, mas que ele nos amou, e enviou a seu Filho como sacrifício para o perdão de nossos pecados" (I Jo 4:8-10).

"Quem, ó Deus, é semelhante a ti, que perdoas a iniquidade e te esqueces da transgressão do restante da tua herança? O Senhor não retém a sua ira para sempre, porque tem prazer na misericórdia. Tornará a ter compaixão de nós; pisará aos pés as nossas iniquidades e lançará todos os nossos pecados nas profundezas do mar" (Mq 7:18-19).

"**Porque Deus amou ao mundo de tal maneira que deu o seu Filho único, para que todo o que nele crê não pereça, mas tenha a vida eterna.** Porquanto Deus enviou o seu Filho ao mundo, não para que julgasse o mundo, mas para que o mundo fosse salvo por ele" (Jo 3:16:17).

"Porque isto é bom e agradável diante de Deus nosso Salvador; O qual quer que todos os homens se salvem e venham a conhecer a verdade" (I Tm 2:3-4). "**Porque o salário do pecado é a morte, mas o dom gratuito de Deus é a vida eterna, por Cristo Jesus, nosso Senhor**" (Rm 6:23).

E qual é o caminho da salvação?

Disse Jesus: "**Eu sou o caminho, a verdade e a vida. Ninguém vem ao Pai senão por mim**" (Jo 14:6).

"Eu sou o pão da vida; o que vem a mim jamais terá fome; e o que crê em mim jamais terá sede" (Jo 6:35).

"Eu sou a luz do mundo; quem me segue não andará em trevas; pelo contrário, terá a luz da vida" (Jo 8:12).

"Eu sou a porta. Se alguém entrar por mim, será salvo; entrará, e sairá, e achará pastagem" (Jo 10:9).

"Em verdade, em verdade vos digo: quem ouve a minha palavra e crê naquele que me enviou tem a vida eterna, não entra em juízo, mas passou da morte para a vida." (Jo 5:24).

"Se alguém tem sede, venha a mim, e beba. Quem crê em mim, como diz a Escritura, do seu interior fluirão rios de água viva"(Jo 7:37-38).

"Pois há um só Deus, e um só mediador entre Deus e a humanidade: o homem Cristo Jesus" (I Tm 2:5).

"E em nenhum outro há salvação; porque nenhum outro nome há abaixo do céu, dado entre os homens, em quem devamos ser salvos" (At 4:12).

Entendemos, então, que não existe outro caminho até Deus que não seja por meio do Seu filho Jesus.

E como posso alcançar a salvação?

Essa pergunta também foi feita pelo carcereiro no livro de Atos: "Então, o carcereiro, tendo pedido uma luz, entrou precipitadamente e, trêmulo, prostrou-se diante de Paulo e Silas. Depois, trazendo-os para fora, disse: Senhores, que devo fazer para que seja salvo? Responderam-lhe: Crê no Senhor Jesus e serás salvo, tu e tua casa" (At 16:29-31).

"A palavra está perto de ti, na tua boca e no teu coração; isto é, a palavra da fé, que pregamos. **Porque, se com a tua boca confessares a Jesus como Senhor, e em teu coração creres que Deus o ressuscitou dentre os mortos, serás salvo;** pois é com o coração que se crê para a justiça, e com a boca se faz confissão para a salvação. Porque a Escritura diz: Ninguém que nele crê será confundido" (Rm 10:8-11).

"Porque: Todo aquele que invocar o nome do Senhor será salvo" (Rm 10:13).

"Porque pela graça sois salvos, por meio da fé; e isso não vem de vós; é dom de Deus" (Ef 2:8).

E finalmente Jesus fala: "Venham a mim, todos vós que estais cansados e sobrecarregados, e eu lhes darei descanso" (Mt 11:28).

E se meu passado é indigno e meu pecado terrível?

Não existe pecado grande demais para Deus. "Se confessarmos nossos pecados, ele é fiel e justo, para que nos perdoe os pecados, e nos limpe de **toda** injustiça" (I Jn 1:9). **Mas Deus, não tendo em conta os tempos da ignorância, anuncia agora a todos os homens, e em todo o lugar, que se arrependam** (At 17:30) Quando Jesus estava na cruz, declarou que um dos malfeitores que a sociedade descartava e que também estava sendo condenado à morte iria estar com Ele no paraíso no mesmo dia. (Lc 23:43).

Por mais confuso que seja o seu passado, com falhas e pecados, Deus quer lhe dar uma nova chance e fazer de você uma nova criatura. E tudo que é novo não tem passado, apenas presente e futuro. Veja o que Deus falou ao seu povo através do profeta Jeremias: "Esqueçam o que se foi; não vivam no passado. Vejam, estou fazendo uma coisa nova!" (Is 43:18,19).

Eu não me sinto pronto, posso aceitar a Jesus depois?

Dois textos nos advertem sobre isso. O primeiro diz: "Como cooperadores de Deus, suplicamos a vos que não recebam em vão a graça de Deus. Pois Deus diz: No tempo certo, eu o ouvi; no dia da salvação, eu lhe dei socorro. **De fato, agora é o tempo certo. Hoje é o dia da salvação!**" (II Co 6:1-2). E o segundo que diz: "E, assim como cada pessoa está destinada a morrer uma só vez, e depois disso vem o julgamento, também Cristo foi oferecido como sacrifício uma só vez para tirar os pecados de muitos" (Hb 9:27-28). A vida nem sempre nos dá uma segunda chance para aceitá-Lo. Aceite a Jesus como você estiver e Ele irá transformar a sua vida.

Então o que eu preciso fazer para ser salvo?

"Pois, se com a tua boca declarares que Jesus é Senhor, e em teu coração creres que Deus o ressuscitou dos mortos, serás salvo. Pois com o coração se crê para a justiça, e com a boca se confessa para a salvação" (Rm 10:9). Tudo que você precisa fazer é abrir o seu coração a Deus e fazer essa oração: **"Deus, sei que sou imperfeito, mas eu creio que Tu podes perdoar todos os meus pecados pelo sacrifício do Teu filho Jesus. Eu quero aceitar a Jesus Cristo como o meu único e suficiente Senhor e Salvador da minha vida. Eu creio que Jesus veio em carne e que morreu na cruz pelos meus pecados, ressuscitando ao terceiro dia. Eu entrego agora a minha vida a Jesus! Jesus, entra no meu coração e transforma toda a minha vida. Eu rejeito todos os pactos com o mal que eu possa ter feito consciente ou inconscientemente, escreva agora o meu nome no livro da vida. Amém."**

E o que acontece depois dessa oração?

Depois que você faz essa oração em fé, crendo no sacrifício de Jesus e na sua obra redentora, você recebe a salvação, bem como o perdão de todos os seus pecados. "Assim que, **se alguém está em Cristo, nova criatura é; as coisas velhas já passaram; eis que tudo se fez novo.** E tudo isto provém de Deus, que nos reconciliou consigo mesmo por Jesus Cristo, e nos deu o ministério da reconciliação. Isto é, Deus estava em Cristo reconciliando consigo o mundo, não lhes imputando os seus pecados; e pôs em nós a palavra da reconciliação" (II Co 5:17-19).

Como posso ter certeza absoluta da minha salvação?

Se você tem Jesus, você tem a vida, não temporária, mas eterna. Medite: "O testemunho é este que Deus nos deu a vida eterna, e esta vida está em seu Filho. Quem tem o Filho tem a vida. Aquele que não tem o Filho de Deus não tem a vida. Escrevi estas coisas para vocês que crêem no nome do Filho de Deus, para que saibam que têm a vida eterna e continuem a crer no nome do Filho de Deus" (I Jo 5: 11-13).

"Em verdade vos digo, **quem ouve a minha palavra e crê naquele que me enviou, tem a vida eterna** e não entra em juízo, mas já passou da morte para a vida" (Jo 5:24). " E eu lhes dou a vida eterna, e para sempre não perecerão, e ninguém as arrancará de minha mão" (Jo 10:28).

E agora, o que devo fazer?

Disse Jesus: "Portanto, todo aquele que me confessar diante dos homens, também eu o confessarei diante de meu Pai, que está nos céus" (Mt 10:32). Procure uma igreja cristã que o ajude a caminhar nos princípios que Jesus Cristo determinou em sua palavra. Agora que você é uma nova criatura, pois tudo se fez novo, você terá uma nova vida à sua frente e vai precisar de ajuda nessa nova caminhada. Existe uma família com pessoas que creem como você.

Seja bem-vindo à família de Deus. Como em toda a família, você vai encontrar pessoas como você, que já passaram pelas mesmas dificuldades e que vão te ajudar a entender melhor o que é ser um cristão no mundo atual. Nunca se esqueça de que Jesus já conquistou tudo por você na obra redentora do calvário, mas cabe a nós nos apropriarmos de tudo o que Ele conquistou.

Os benefícios do novo nascimento em Cristo Jesus
"e que não se esqueça de nenhum dos seus benefícios" (Sl 103:02)

✓ **Salvação** "Porque pela graça sois salvos, por meio da fé, e isto não vem de vós; é dom de Deus. Não por obras, para que ninguém tenha orgulho de si mesmo." (Ef 2:8-9), "Porque o Filho do homem veio para buscar, e para salvar o que tinha se perdido." (Lc 19:10)

✓ **Perdão dos pecados** "Ele nos tirou do domínio das trevas e nos transportou para o Reino do Filho de seu amor, em quem temos a libertação pelo seu sangue: o perdão dos pecados." (Cl 1:13-14)

✓ **Nova criação** "Assim que, se alguém está em Cristo, nova criatura é; as coisas velhas já passaram; eis que tudo se fez novo. E tudo isto provém de Deus, que nos reconciliou consigo mesmo por Jesus Cristo, e nos deu o ministério da reconciliação." (II Co 5:17-18)

✓ **Feitos justiça de Deus** "E vos revistais do novo homem, que é criado conforme Deus na verdadeira justiça e santidade." (Ef 4:24), "Pois ele fez com que aquele que não conheceu pecado se tornasse pecado por nós; para que nós nele fôssemos feitos justiça de Deus." (II Co 5:21)

✓ **Filhos de Deus** "Amados, agora somos filhos de Deus, e ainda não está manifesto o que iremos ser. Porém sabemos que, quando ele se manifestar, nós seremos como ele, porque nós o veremos assim como ele é." (I Jo 3:2)

✓ **Nova vida** "Já estou crucificado com Cristo. Estou vivendo não mais eu, mas Cristo vive em mim; e vivo a minha vida na carne por meio da fé no Filho de Deus, que me amou, e entregou a si mesmo por mim." (Gl 2:20)

✓ **Nova mentalidade** "Mas o ser humano natural não compreende as coisas que são do Espírito de Deus, porque lhe são loucura; e não as pode entender, porque se discernem espiritualmente. Porém aquele que é espiritual discerne todas as coisas, mas ele é discernido por ninguém. Porque quem conheceu a mente do Senhor, para que o possa instruir? Mas nós temos a mente de Cristo." (I Co 2:14-16)

✓ **Nova família** "Portanto já não sois estrangeiros, nem forasteiros, mas sim concidadãos dos santos, e membros da família de Deus" (Ef 2:19)

- ✓ **Novo coração** "Porém graças a Deus que embora tenham sidos servos do pecado, mas agora de coração obedeceis à forma de doutrina a que vós fostes entregues; e, sendo libertos do pecado, vos tornastes servos da justiça." (Rm 6:17-18), "Manifestando que sois a carta de Cristo, administrada por nós, e escrita, não com tinta, mas com o Espírito do Deus vivente; não em tábuas de pedra, mas em tábuas de carne do coração." (II Co 3:3)

- ✓ **Paz** "A paz vos deixo, minha paz vos dou; vou dá-la a vós, não como o mundo a dá. Não se perturbe vosso coração, nem se atemorize." (Jo 14:27), "e a paz de Deus, que excede todo entendimento, guardará os vossos corações e as vossas mentes em Cristo Jesus." (Fp 4:7)

- ✓ **Livre acesso ao Pai** "Segundo o eterno propósito, que ele realizou em Cristo Jesus, nosso Senhor, no qual temos ousadia e acesso com confiança de nos apresentarmos na presença de Deus." (Ef 3:11-12)

- ✓ **Vida eterna** "E eu lhes dou a vida eterna, e para sempre não perecerão, e ninguém as arrancará de minha mão. Meu Pai, que as deu para mim, é maior que todos; e ninguém pode arrancá-las da mão de meu Pai. Eu e o Pai somos um." (Jo 10:28-30), "E esta é a vida eterna: que conheçam a ti, o único Deus verdadeiro, e a Jesus Cristo, a quem tens enviado." (Jo 17:03)

- ✓ **Vitoria sobre o pecado** "E sabemos isto: que o nosso velho ser foi crucificado com Ele, para que o corpo do pecado seja extinto, a fim de que não mais sirvamos ao pecado; pois o que está morto já está justificado do pecado. Ora, se já morremos com Cristo, cremos que também com ele viveremos." (Rm 6:6-8), "Porque todo aquele que é nascido de Deus vence ao mundo; e esta é a vitória que vence ao mundo: a nossa fé." (I Jo 5:4)

- ✓ **Morada celestial** "Na casa de meu Pai há muitas moradas; senão, eu vos diria; vou para vos preparar lugar." (Jo 14:02)

- ✓ **Herança** "Bendito seja o Deus e Pai de nosso Senhor Jesus Cristo. Segundo sua grande misericórdia, ele nos regenerou para uma esperança viva, por meio da ressurreição de Jesus Cristo dentre os mortos. E o resultado disso é uma herança incorruptível, incontaminável, e que não pode ser enfraquecida. Ela está guardada nos céus para vós, que pela fé estais guardados no poder de Deus para a salvação, pronta para se revelar no último tempo." (I Pe. 1:3-5)

✓ **Armadura de Deus** "Portanto tomai toda a armadura de Deus, para que possais resistir no dia mal, e tendo feito tudo, ficar firmes. Estai, pois, firmes, equipando-se com o **cinto da verdade**, e vestidos com a **couraça da justiça**; E calçados os pés com a prontidão do **evangelho da paz**. Tomando sobre tudo o **escudo da fé**, com o qual possais apagar todas as flechas inflamadas, vindas do maligno. Tomai também o **capacete da salvação**, e a **espada do Espírito**, que é a palavra de Deus; Orando em todo tempo com toda oração e súplica no Espírito, e vigiando nisto com toda perseverança, e súplica por todos os santos" (Ef 6:13-18)

✓ **Templo do Espírito** "Ou não sabeis que vosso corpo é templo do Espírito Santo, o qual está em vós, o qual tendes de Deus, e que não sois de vós mesmos? Porque vós fostes comprados por alto preço; então glorificai a Deus em vosso corpo, e em vosso espírito, que são de Deus." (I Co 6:19-20), "Respondeu Jesus, e disse-lhe: Se alguém me ama, guardará minha palavra, e meu Pai o amará, e viremos a ele, e faremos morada com ele." (Jo 14:23)

✓ **Suprimento** "E meu Deus suprirá todas a vossas necessidades segundo as suas riquezas em glória em Cristo Jesus." (Fp 4:19), "lançando sobre ele toda a vossa ansiedade; porque ele tem cuidado de vós." (I Pe 5:7)

✓ **Amigos de Deus** "Já não vos chamo mais servos; porque o servo não sabe o que faz seu senhor; mas eu tenho vos chamado de amigos, porque tudo quanto ouvi de meu Pai eu tenho vos feito conhecer." (Jo 15:15)

✓ **Livres do medo e ansiedade** "Porque Deus não nos deu espírito de medo; mas sim o de poder, e de amor, e de moderação." (II Tm 1:7), "Não se perturbe vosso coração; credes em Deus, crede também em mim." (Jo 14:01)

✓ **Acesso ao impossível** "Porque em verdade vos digo, que qualquer que disser a este monte: Levanta-te, e lança-te no mar; e não duvidar em seu coração, mas crer que se fará o que diz, tudo o que disser lhe será feito. Portanto eu vos digo, que tudo o que pedirdes orando, crede que recebereis, e vós o tereis." (Mc 11:23)

✓ **Assentados com Jesus** "E juntamente nos ressuscitou, e nos fez sentar nos lugares celestiais em Cristo Jesus." (Ef 2:6)

✓ **Um advogado** "Meus filhinhos, eu vos escrevo estas coisas para que não pequeis; mas se alguém pecar, temos um advogado junto do Pai, que é Jesus Cristo, o justo. E ele é o sacrifício para o perdão de nossos pecados; e não somente dos nossos, mas também dos de todo o mundo." (I Jo 2:1-2)

✓ **Promessas** "Graça e paz vos seja multiplicada pelo conhecimento de Deus, e de Jesus nosso Senhor. Como seu divino poder ele tem nos dado tudo o que pertence à vida e à devoção, por meio do conhecimento daquele que nos chamou à glória e virtude; Pelas quais nos são dadas grandíssimas e preciosas promessas, para que por meio delas sejais participantes da natureza divina, tendo escapado da corrupção que há no mundo pelo mau desejo." (II Pe 1:2-4)

✓ **Companhia constante** "Pois ele disse: Não te deixarei, nem te desampararei." (Hb 13:05) "Pois tenho certeza que nem a morte, nem a vida, nem anjos, nem principados, nem poderes, nem o presente, nem o futuro, nem altura, nem profundeza, nem qualquer outra criatura poderá nos separar do amor de Deus, que está em Cristo Jesus nosso Senhor." (Rm 8:38-39)

✓ **Absolvição do julgamento** "Porque Deus não mandou seu Filho ao mundo para que condenasse ao mundo; mas sim para que o mundo por ele fosse salvo; Quem nele crer não é condenado" (Jo 3:17-18) "Portanto agora nenhuma condenação há para os que estão em Cristo Jesus, que não andam segundo a carne, mas sim segundo o Espírito. Porque a Lei do Espírito de vida, em Cristo Jesus, me livrou da Lei do pecado e da morte." (Rm 8:1-2)

✓ **Proteção angelical e espiritual** "E a qual dos anjos ele jamais disse: Senta-te à minha direita, até que eu ponha os teus inimigos como estrado de teus pés? Por acaso não são todos eles espíritos servidores, enviados para auxílio dos que herdarão a salvação?" (Hb 1:13-14)

✓ **Ajuda nas tentações** "Nenhuma tentação vos veio, que não fosse humana; porém Deus é fiel; que não vos deixará tentar mais do que o que podeis, antes com a tentação também dará a saída, para que a possais suportar." (I Co 10:13)

✓ **Liberdade** "Se vós permanecerdes em minha palavra, verdadeiramente sereis meus discípulos. E conhecereis a verdade, e a verdade vos libertará." (Jo 8:31-32), "O Senhor é o Espírito; e onde está o Espírito do Senhor, aí há liberdade." (II Co 3:17), "Estai, pois, firmes na liberdade com que Cristo nos libertou, e não volteis a vos prender com o jugo da escravidão." (Gl 5:01)

✓ **Fruto do Espírito** "Mas o fruto do Espírito é: amor, alegria, paz, paciência, benignidade, bondade, fidelidade, mansidão, domínio próprio. Contra essas coisas não há lei. Os que são de Cristo crucificaram a carne com as paixões e os maus desejos." (Gl 5:22-24)

✓ **O Consolador** "Cristo nos resgatou da maldição da Lei ao se fazer maldição para o nosso benefício (pois está escrito: Maldito todo aquele que for pendurado em um madeiro.) com a finalidade de que a bênção de Abraão chegasse aos gentios em Cristo Jesus, para que recebêssemos a promessa do Espírito por meio da fé." (Gl 3:13-14), "mas vos digo a verdade, que vos convém que eu vá; porque se eu não for, o Consolador não virá a vós; porém se eu for, eu o enviarei a vós" (Jo 16:7)

✓ **Glória** "Aos quais Deus quis que conhecessem quais são as riquezas da glória deste mistério entre os gentios, que é Cristo entre vós, a esperança da glória" (Col 1:27)

✓ **Graça** "Portanto, tu, meu filho, fortifique-se na graça que há em Cristo Jesus." (II Tm 2:1), "Assim, aproximemo-nos do trono da graça para que possamos com toda a confiança, receber misericórdia e encontremos graça que nos ajude no momento da necessidade." (Hb 4:16)

✓ **Fé** "cada um estime a si mesmo com bom senso, conforme a medida de fé que Deus repartiu a cada um." (Rm 12:3b), "Porque todo aquele que é nascido de Deus vence ao mundo; e esta é a vitória que vence ao mundo: a nossa fé" (I Jo 5:4)

✓ **Autoridade** "Eis que vos dou autoridade {Exousia} para pisar sobre serpentes e escorpiões, e sobre toda a força do inimigo, e nada vos fará dano nenhum" (Lc 10:19)

✓ **Poder** "vós recebereis poder {Dunamis} do Espírito Santo, que virá sobre vós; e vós sereis minhas testemunhas, tanto em Jerusalém como em toda a Judeia, e Samaria, e até ao último lugar da terra." (At 1:08)

✓ **Nova identidade** "Mas vós sois a geração escolhida, o sacerdócio real, a nação santa, o povo adquirido; a fim de que anuncieis as virtudes daquele que vos chamou das trevas para a sua maravilhosa luz." (I Pe 2:9)

✓ **O perfeito propósito** "Pois nós fomos feitos por ele, criados em Cristo Jesus para as boas obras, que Deus preparou para que nelas andássemos. (Ef 2:10)

✓ **Resgatados do mal** "Ele nos tirou do domínio das trevas e nos transportou para o Reino do Filho de seu amor" (Col 1:13)

✓ **Alegria no Senhor** "Alegrai-vos sempre no Senhor. Volto a dizer: alegrai-vos." (Fil 4:4) "Alegrai-vos sempre. Orai sem cessar. Dai graças em tudo, porque esta é a vontade de Deus em Cristo Jesus para convosco." (I Tes 5 16-18)

As promessas para aquele que vencer

✓ "Ao que vencer, **dar-lhe-ei a comer da árvore da vida**, que está no meio do paraíso de Deus." (Ap 2:7)

✓ "o que vencer, **não sofrerá o dano da segunda morte.**" (Ap 2:11)

✓ "Ao que vencer eu **darei a comer do maná escondido**, e dar-lhe-ei **uma pedra branca**, e na pedra **um novo nome** escrito, o qual ninguém conhece senão aquele que o recebe." (Ap 2:17)

✓ "O que vencer, este **será vestido de roupas brancas; e seu nome de maneira nenhuma riscarei do livro da vida; e eu declararei seu nome diante do meu Pai, e diante de seus anjos.**" (Ap 3:5)

✓ "Ao que vencer, eu **o farei coluna no templo do meu Deus**; e dele nunca mais sairá; e sobre ele **escreverei o nome do meu Deus**, e o **nome da cidade do meu Deus**" (Ap 3:12)

✓ "E ao que vencer, e guardar minhas obras até o fim, eu **lhe darei autoridade sobre as nações**" (Ap 2:26)

✓ "E eu **lhe darei a estrela da manhã.**" Ap 2:28, "Eu, Jesus, enviei o meu anjo, para vos dar testemunho destas coisas nas igrejas. Eu sou a raiz e descendência de Davi; sou a brilhante estrela da manhã." (Ap 22:16)

✓ "Ao que vencer, eu lhe **concederei que se sente comigo em meu trono**; assim como eu também venci, e me sentei com meu Pai no trono dele." (Ap 3:21)

✓ "Quem vencer **herdará todas as coisas**; e eu serei seu Deus, **e ele será meu filho.**" (Ap 21:7)

"Mas em todas estas coisas somos mais que vencedores, por meio daquele que nos amou. Pois estou convencido de que nem morte nem vida, nem anjos nem demônios, nem o presente nem o futuro, nem quaisquer poderes, nem altura, nem profundeza, nem qualquer outra criatura poderá nos separar do amor de Deus, que está em Cristo Jesus nosso Senhor." (Rm 8:37-39)

Sumário

Antes do nascimento até o começo do seu ministério

Início *(Lc 1:1)*

Uma vez que muitos empreenderam pôr em ordem o relato das coisas que se cumpriram entre nós, assim como eles, os que desde o princípio viram tais coisas, e foram ministros da palavra, nos entregaram, pareceu-me bom que também eu, que tenho me informado com exatidão desde o princípio, escrevesse estas coisas em ordem para ti, excelentíssimo Teófilo, para que conheças a certeza das coisas de que fostes ensinados.

Preexistência de Jesus *(Jo 1:1)*

No princípio era a Palavra, e a Palavra estava junto de Deus, e a Palavra era Deus. Esta estava no princípio junto de Deus. Por esta foram feitas todas as coisas, e sem ela não se fez coisa nenhuma do que foi feito. Nela estava a vida, e a vida era a luz dos homens. E a luz brilha nas trevas; e as trevas não a compreenderam. Houve um homem enviado por Deus, cujo nome era João. Este veio por testemunho, para que testemunhasse da Luz, para que todos por ele cressem. Ele não era a Luz; mas foi enviado para que testemunhasse da Luz. Esta era a luz verdadeira, que ilumina a todo ser humano que vem ao mundo. No mundo estava, e por ele foi feito o mundo; e o mundo não o conheceu. Aos seus veio, e os seus não o receberam. Mas a todos quantos o receberam, deu-lhes o poder de serem feitos filhos de Deus: aos que creem em seu nome. Os quais não são gerados de sangue, nem da vontade da carne, nem de vontade do homem, mas sim de Deus. E aquela Palavra se fez carne, e habitou entre nós; **e vimos sua glória, como glória do unigênito do Pai cheio de graça e de verdade.** E João dele testemunhou, e clamou, dizendo: Este era aquele, de quem eu dizia: O que vem após mim é antes de mim; porque era primeiro que eu. E de sua plenitude recebemos todos também graça por graça. Porque a Lei foi dada por Moisés: a graça e a verdade foram feitas por Jesus Cristo. A Deus nunca ninguém o viu; o unigênito Filho, que está no seio do Pai, ele o declarou.

1

⸎ *Genealogia de Jesus* *(Mt 1:1)*

Livro da geração de Jesus Cristo, filho de Davi, filho de Abraão. Abraão gerou a Isaque; e Isaque gerou a Jacó; e Jacó gerou a Judá e a seus irmãos. E Judá gerou de Tamar a Perez e a Zerá; e Perez gerou a Esrom, e Esrom gerou a Arão. E Arão gerou a Aminadabe; e Aminadabe gerou a Naassom; e Naassom gerou a Salmom. E Salmom gerou de Raabe a Boaz; e Boaz gerou de Rute a Obede; e Obede gerou a Jessé. E Jessé gerou ao rei Davi; e o rei Davi gerou a Salomão da que fora mulher de Urias. E Salomão gerou a Roboão; e Roboão gerou a Abias; e Abias gerou a Asa. E Asa gerou a Josafá; e Josafá gerou a Jorão; e Jorão gerou a Uzias. E Uzias gerou a Jotão; e Jotão gerou a Acaz; e Acaz gerou a Ezequias. E Ezequias gerou a Manassés; e Manassés gerou a Amom; e Amom gerou a Josias. E Josias gerou a Jeconias, e a seus irmãos no tempo do exílio babilônico. E depois do exílio babilônico Jeconias gerou a Salatiel; e Salatiel gerou a Zorobabel. E Zorobabel gerou a Abiúde; e Abiúde gerou a Eliaquim; e Eliaquim gerou a Azor. E Azor gerou a Sadoque; e Sadoque gerou a Aquim; e Aquim gerou a Eliúde. E Eliúde gerou a Eleazar; e Eleazar gerou a Matã; e Matã gerou a Jacó. E Jacó gerou a José, o marido de Maria, da qual nasceu Jesus, chamado o Cristo. De maneira que todas as gerações desde Abraão até Davi são catorze gerações; e desde Davi até o exílio babilônico catorze gerações; e desde o exílio babilônico até Cristo catorze gerações.

⸎ *Um anjo aparece a Zacarias* *(Lc 1:5)*

Houve nos dias de Herodes, rei da Judéia, um sacerdote, por nome Zacarias, da ordem de Abias; e sua mulher das filhas de Arão, e era seu nome Isabel. E eram ambos justos diante de Deus, andando em todos os mandamentos e preceitos do Senhor sem repreensão. E não tinham filhos, porque Isabel era estéril, e ambos tinham muitos anos de vida.

E aconteceu que, fazendo ele o trabalho sacerdotal diante de Deus, na ordem de sua vez, conforme o costume do sacerdócio lhe caiu em sorte entrar no Templo do Senhor, para oferecer o incenso. E toda a multidão do povo estava fora orando, na hora do incenso. E apareceu-lhe um anjo do Senhor, estando à direita do altar do incenso. E Zacarias vendo-o, ficou perturbado, e caiu medo sobre ele. Mas o anjo lhe disse: Zacarias, não temas, porque tua oração foi ouvida, e tua mulher Isabel dará a ti um filho, e chamarás seu nome João.

E terás prazer e alegria, e muitos se alegrarão de seu nascimento. Porque ele será grande diante do Senhor, e não beberá vinho, nem bebida alcoólica, e será cheio do Espírito Santo, até desde o ventre de sua mãe. E ele converterá a muitos dos filhos de Israel ao Senhor Deus deles. E irá diante dele no espírito e virtude de Elias, para converter os corações dos pais aos filhos, e os rebeldes à prudência dos justos; para preparar um povo pronto para o Senhor.

E disse Zacarias ao anjo: Como conhecerei isto? Pois eu sou velho, e a minha mulher avançada em dias. E respondendo o anjo, disse-lhe: Eu sou Gabriel, que fico presente diante de Deus, e fui mandado para falar a ti, e para te dar estas boas notícias. E eis que tu ficarás mudo, e não poderás falar, até o dia em que estas coisas aconteçam, porque não creste nas minhas palavras, que se cumprirão a seu tempo.

E o povo estava esperando a Zacarias, e maravilhavam-se de que demorava no Templo. E saindo ele, não lhes podia falar; e entenderam que tinha visto alguma visão no Templo. E apenas lhes fazia gestos, e ficou mudo. E sucedeu que, cumpridos os dias de seu serviço, veio para sua casa. E depois daqueles dias sua mulher Isabel concebeu, e ela se escondia por cinco meses, dizendo: Porque isto me fez o Senhor nos dias em que ele me observou, para tirar minha humilhação entre as pessoas.

Gabriel visita Maria *(Lc 1:26)*

E no sexto mês o anjo Gabriel foi enviado de Deus a uma cidade da Galiléia, chamada Nazaré; a uma virgem prometida em casamento com um homem, cujo nome era José, da casa de Davi; e o nome da virgem era Maria. E entrando o anjo onde ela estava, disse: Tenhas alegria, agraciada; o Senhor é contigo, bendita és tu entre as mulheres.

E ela, vendo-o, perturbou-se muito por suas palavras, e perguntava a si mesma que saudação seria esta. E disse-lhe o anjo: Maria, não temas, porque encontraste graça diante de Deus. **E eis que ficarás grávida, e farás nascer um filho, e chamarás seu nome JESUS.** Este será grande, e será chamado Filho do Altíssimo; e o Senhor Deus lhe dará o trono de seu Pai Davi. E reinará na casa de Jacó eternamente, e o seu Reino não terá fim.

E disse Maria ao anjo: Como será isto? Pois não conheço intimamente homem algum. E respondendo o anjo, disse-lhe: O Espírito Santo virá sobre ti, e o poder do Altíssimo te cobrirá com a sua sombra. Por isso **o Santo que nascerá de ti será chamado Filho de Deus.** E eis que Isabel, tua prima, também tem concebido um filho em sua velhice; e este é o sexto mês daquela que era chamada a estéril. Pois para Deus nada é impossível. Então disse Maria: Eis aqui a serva do Senhor; cumpra-se em mim segundo tua palavra. E o Anjo saiu de onde ela estava.

Maria visita Isabel (Lc 1:39)

E levantando-se Maria naqueles dias, foi-se apressadamente às montanhas, a uma cidade de Judá. E entrou na casa de Zacarias, e saudou a Isabel. E aconteceu que, quando Isabel ouviu a saudação de Maria, a criança saltou em seu ventre, e Isabel foi cheia do Espírito Santo. E exclamou com grande voz, e disse: Bendita és tu entre as mulheres, e bendito é o fruto de teu ventre!

E de onde me vem isto, que a mãe de meu Senhor venha a mim? Porque eis que, quando a voz de tua saudação chegou a meus ouvidos, a criança saltou de alegria em meu ventre.

E bem-aventurada a que creu; pois se cumprirão as coisas que do Senhor lhe foram ditas. E disse Maria:

"Minha alma engrandece ao Senhor; e meu espírito se alegrou em Deus meu Salvador. Porque ele olhou para o estado de humilhação de sua serva; pois eis que desde agora todas as gerações me chamarão bem-aventurada. Porque o Poderoso me fez grandes coisas, e santo é seu Nome. E a sua misericórdia é de geração em geração, para com os que o temem. Com seu braço ele demonstrou poder, e dispersou os soberbos do pensamento que tinham no coração. Tirou aos poderosos dos tronos, e levantou aos humildes. Aos famintos encheu de bens, e aos ricos enviou vazios. Susteve a Israel seu servo, lembrando-se de sua misericórdia, como falou a nossos pais, a Abraão, e à sua semente, para sempre."

E Maria ficou com ela quase três meses: e depois voltou para sua casa.

E a Isabel se lhe cumpriu o tempo do parto, e fez nascer um filho. E os vizinhos e seus parentes ouviram que o Senhor tinha usado de grande misericórdia com ela; e alegraram-se com ela.

E aconteceu que ao oitavo dia vieram para circuncidarem ao menino; e o chamavam do nome de seu pai, Zacarias. E respondendo sua mãe, disse: Não, mas ele será chamado João. E disseram-lhe: Ninguém há entre teus parentes que se chame deste nome.

E fizeram gestos a seu pai, perguntando como queria que lhe chamassem. E pedindo ele a tábua de escrever, escreveu, dizendo: João é seu nome. E todos se maravilharam.

E logo sua boca se abriu, e sua língua se soltou; e ele falava, louvando a Deus. E veio um temor sobre todos seus vizinhos; e em todas as regiões montanhosas da Judéia foram divulgadas todas estas coisas.

E todos os que o ouviam, colocavam em seus corações, dizendo: Quem será ora este menino? E a mão do Senhor era com ele. E Zacarias seu pai foi cheio do Espírito Santo, e profetizou, dizendo:

"Bendito o Senhor Deus de Israel, porque visitou, e redimiu a seu povo; e levantou o poder da salvação para nós, na casa de seu servo Davi, assim como falara pela boca de seus santos profetas, desde o princípio do mundo; que nos livraria de nossos inimigos, e da mão de todos os que nos odeiam, para fazer misericórdia a nossos pais, e se lembrar de seu santo compromisso; do juramento, que jurou a Abraão nosso pai que nos daria; que libertados da mão de nossos inimigos, o serviríamos sem temor, em santidade e justiça diante dele, todos os dias de nossa vida. E tu, menino, serás chamado profeta do Altíssimo; porque irás diante da face do Senhor, para preparar seus caminhos; para dar a seu povo conhecimento da salvação, em remissão de seus pecados; pelo interior da misericórdia de nosso Deus, com que o nascer do sol do alto nos visitou; para aparecer aos que estão sentados nas trevas, e em sombra de morte; para endireitar nossos pés pelo caminho da paz."

E o menino crescia, e era fortalecido em espírito. E esteve nos desertos até o dia em que se mostrou a Israel.

Um anjo visita José em sonho *(Mt 1:18)*

E o nascimento de Jesus Cristo foi assim: estando sua mãe Maria desposada com José, antes que se ajuntassem, ela foi achada grávida do Espírito Santo. Então José, seu marido, sendo justo, e não querendo a expor à infâmia, pensou em deixá-la secretamente. E ele, pretendendo isto, eis que um anjo do Senhor lhe apareceu em sonho, dizendo: José, filho de Davi, não temas receber Maria, tua mulher, porque o que nela está concebido é do Espírito Santo. E ela dará à luz um filho, e tu chamarás seu nome Jesus; porque ele salvará seu povo de seus pecados.

E tudo isto aconteceu para que se cumprisse o que foi dito pelo Senhor por meio do profeta, que disse: *"Eis que uma virgem conceberá, e dará à luz um filho, e chamarão seu nome Emanuel, que traduzido é: Deus conosco."* E despertando José do sonho, fez como o anjo do Senhor tinha lhe mandado, e aceitou sua mulher. E ele não a conheceu intimamente, até que ela deu à luz, ao primogênito, e lhe pôs por nome JESUS.

O nascimento de Jesus *(Lc 2:1)*

E aconteceu naqueles dias, que saiu um decreto da parte de César Augusto, que todo o império se registrasse. Este registro foi feito pela primeira vez sendo Quirino o governador da Síria. E iam todos para se registrarem, cada qual à sua própria cidade. E José também subiu da Galiléia, da cidade de Nazaré à Judéia, à cidade de Davi, que se chama Belém; porque ele era da casa e família de Davi. Para se registrar com Maria sua mulher, com ele desposada, a qual estava grávida. E aconteceu que, estando eles ali, se cumpriram os dias do seu parto.

E ela gerou a seu filho, o primogênito, e o envolveu em panos, e o deitou em uma manjedoura; porque não havia lugar para eles no lugar aonde iriam se hospedar. E havia pastores naquela mesma localidade, que estavam no campo, e guardavam as vigias da noite sobre seu rebanho. E eis que um anjo do Senhor veio sobre eles, e a glória do Senhor lhes resplandeceu, e temeram com grande temor. E o anjo lhes disse: Não temais; porque eis que vos dou boas notícias de grande alegria, que será para todo o povo; que **hoje vos é nascido o Salvador, que é Cristo o Senhor**, na cidade de Davi.

E isto vos será por sinal: achareis ao menino envolto em panos, e deitado em uma manjedoura. E no mesmo instante houve com o anjo uma multidão de exércitos celestiais, que louvavam a Deus, e diziam: glória nas alturas a Deus, paz na terra, e aos homens de boa vontade.

·ᐪᐪ· *Pastores visitam Jesus* (Lc 2:15)

E aconteceu que, quando os anjos saíram para o céu, os pastores disseram uns aos outros: passemos, pois até Belém, e vejamos isto que aconteceu que o Senhor nos informou. E vieram apressadamente, e acharam a Maria, e a José, e ao menino deitado na manjedoura. E vendo-o, contaram a palavra que lhes havia sido dita sobre o menino. E todos os que a ouviram, se maravilharam do que os pastores lhes diziam. Mas Maria guardava todas estas palavras, conferindo-as em seu coração. E os pastores voltaram glorificando e louvando a Deus, por todas as coisas que tinham ouvido e visto; exatamente como lhes havia sido dito.

·ᐪᐪ· *A circuncisão de Jesus* (Lc 2:21)

E cumpridos os oito dias, para circuncidar ao menino, foi seu nome chamado Jesus; o qual lhe foi posto pelo anjo, antes que fosse concebido no ventre.

·ᐪᐪ· *Apresentação de Jesus no templo* (Lc 2:22)

E cumprindo-se os dias de purificação deles, segundo a Lei de Moisés, o trouxeram a Jerusalém, para o apresentarem ao Senhor. Como está escrito na Lei do Senhor: todo macho que for o primeiro no ventre da mãe será chamado santo ao Senhor. E para darem a oferta, segundo o que está dito na Lei do Senhor, um par de rolinhas, ou dois pombinhos. E eis que havia um homem em Jerusalém, cujo nome era Simeão; e este homem era justo, e temente a Deus, e esperava a consolação de Israel; e o Espírito Santo estava sobre ele. E lhe fora revelado pelo Espírito Santo, que não veria a morte, antes que visse ao Cristo do Senhor. E veio pelo Espírito ao Templo; e quando os pais levaram para dentro ao menino Jesus, para com ele fazerem segundo o costume da Lei; então ele o tomou em seus braços, e louvou a Deus, e disse: *"Agora despedes Senhor, em paz a teu servo, segundo a tua palavra; pois meus olhos já têm visto tua salvação. A qual preparou perante a face de todos os povos. Luz para iluminação dos gentios, e para glória de teu povo Israel."*

E José e sua mãe se maravilharam das coisas que se diziam sobre ele. E Simeão os abençoou, e disse a sua mãe Maria: Eis que este é posto para queda e levantamento de muitos em Israel; e para sinal que falarão contra ele, E também uma espada traspassará tua própria alma para que de muitos corações se manifestem os pensamentos.

E estava ali Ana, profetisa, filha de Fanuel da tribo de Aser. Esta já tinha grande idade, e havia vivido com seu marido sete anos desde sua virgindade. E era viúva de quase oitenta e quatro anos, e não deixava o Templo em jejuns, e orações, servindo a Deus de noite e de dia.

E esta, vindo na mesma hora, agradecia ao Senhor, e falava dele a todos os que esperavam a redenção em Jerusalém. E quando acabaram de cumprir todas as coisas, segundo a Lei do Senhor, voltaram para a Galiléia, para sua cidade de Nazaré.

⁻⁕⁻ *Os sábios levam presentes* (Mt 2:1)

E sendo Jesus já nascido em Belém da Judéia, nos dias do rei Herodes, eis que vieram uns sábios do oriente a Jerusalém, dizendo: Onde está o Rei nascido dos Judeus? Porque vimos sua estrela no oriente, e viemos para adorá-lo. E o rei Herodes, ao ouvir isto, ficou perturbado, e com ele toda Jerusalém. E tendo reunido todos os chefes dos sacerdotes e escribas do povo, perguntou-lhes onde o Cristo havia de nascer. E eles lhe disseram: Em Belém da Judéia, porque assim está escrito pelo profeta: *E tu Belém, terra de Judá, de maneira nenhuma és a menor entre as lideranças de Judá, porque de ti sairá o Guia que apascentará meu povo Israel."*

Então Herodes, chamando secretamente os magos, perguntou-lhes com precisão sobre o tempo em que a estrela havia aparecido. E enviando-os a Belém, disse: Ide, e investigai cuidadosamente pelo menino; e quando o achardes avise-me, para que também eu venha e o adore. Depois de ouvirem o rei, eles foram embora.

E eis que a estrela que tinham visto no oriente ia adiante deles, até que ela chegou, e ficou parada sobre onde o menino estava. E eles, vendo a estrela, jubilaram muito com grande alegria. E entrando na casa, acharam o menino com sua mãe Maria, e prostrando-se o adoraram. E abrindo seus tesouros, ofereceram-lhe presentes: ouro, incenso e mirra. E sendo por divina revelação avisados em sonho que não voltassem a Herodes, partiram para sua terra por outro caminho.

⁻⁕⁻ *A fuga para o Egito* (Mt 2:13)

E tendo eles partido, eis que um anjo do Senhor apareceu a José em sonho, dizendo: Levanta-te, toma o menino e sua mãe, e foge para o Egito; e fica lá até que eu te diga, porque Herodes buscará o menino para matá-lo.

Então ele se despertou, tomou o menino e sua mãe de noite, e foi para o Egito; E esteve lá até a morte de Herodes, para que se cumprisse o que foi dito pelo Senhor por meio do profeta, que disse: Do Egito chamei o meu Filho.

Herodes manda matar os meninos hebreus (Mt 2:16)

Então Herodes, ao ver que tinha sido enganado pelos magos, irou-se muito, e mandou matar todos os meninos em Belém e em todos os limites de sua região, da idade de dois anos e abaixo, conforme o tempo que tinha perguntado com precisão dos magos. Então se cumpriu o que foi dito pelo profeta Jeremias, que disse: *"Uma voz se ouviu em Ramá, lamentação, choro, e grande pranto; Raquel chorava por seus filhos, e não quis ser consolada, pois já não existem."*

José e Maria regressam a Nazaré da Galiléia (Mt 2:19)

Mas depois de Herodes ter morrido, eis que um anjo do Senhor apareceu no Egito a José em sonho, dizendo: Levanta-te, toma o menino e sua mãe, e vai para a terra de Israel, porque já morreram os que procuravam a morte do menino. Então ele se levantou, tomou o menino e sua mãe, e veio para a terra de Israel. Porém ao ouvir que Arquelau reinava na Judéia em lugar de seu pai Herodes, ele teve medo de ir para lá; mas avisado por divina revelação em sonho, foi para a região da Galiléia, e veio a habitar na cidade chamada Nazaré, para que se cumprisse o que foi dito pelos profetas, que: *"Ele será chamado de Nazareno."*

A infância de Jesus e a festa da Páscoa (Lc 2:40)

E o menino crescia, e era fortalecido em espírito, e cheio de sabedoria; e a graça de Deus estava sobre ele. E seus pais iam todos os anos a Jerusalém, para a festa da Páscoa. E sendo Jesus já de doze anos, subiram a Jerusalém, segundo o costume do dia da festa; E já acabados aqueles dias, voltando eles, o menino Jesus ficou em Jerusalém sem que José e sua mãe o soubessem. Porém pensando eles, que vinha pelo caminho por entre a multidão, andaram caminho de um dia; e buscavam-no entre os parentes, e entre os conhecidos. E como não o acharam, voltaram em busca dele a Jerusalém. E aconteceu que, depois de três dias, o acharam no Templo, sentado no meio dos mestres, ouvindo-os e perguntando-lhes.

E todos os que o ouviam se admiravam de seu entendimento e respostas; E eles, vendo-o se admiraram; e disse-lhe sua mãe: Filho, por que fizeste assim conosco? Eis que teu pai e eu com ansiedade te buscávamos. E ele lhes disse: Por que me buscáveis? Não sabeis que devo estar nos negócios de meu Pai? E eles não entenderam as palavras que lhes dizia. E desceu com eles, e veio a Nazaré, e era-lhes sujeito. E sua mãe guardava todas estas coisas em seu coração. E Jesus crescia em sabedoria, e em estatura, e em graça para com Deus e as pessoas.

~~~ **O ministério de João Batista** *(Lc 3:1, Mt 3:1, Lc 3:10)*

E no ano quinze do império de Tibério César, sendo Pôncio Pilatos o governador da Galiléia, e seu irmão Filipe o tetrarca da Ituréia, e da província de Traconites, e Lisânias o tetrarca de Abilene; Sendo Anás e Caifás os sumos sacerdotes, foi feita a palavra de Deus a João, filho de Zacarias, no deserto. E ele veio por toda a terra do redor do Jordão, pregando o batismo de arrependimento, para perdão dos pecados. Como está escrito no livro das palavras do profeta Isaías, que diz:

"Voz do que clama no deserto: Preparai o caminho do Senhor, endireitai suas veredas. Todo vale se encherá, e todo monte e colina se abaixará; e os torcidos serão endireitados; e os caminhos ásperos se suavizarão. E toda carne verá a salvação de Deus."

E naqueles dias veio João Batista, pregando no deserto da Judéia, e dizendo: Arrependei-vos, porque perto está o Reino dos céus. Porque este é aquele que foi declarado pelo profeta Isaías, que disse: Voz do que clama no deserto: *"Preparai o caminho do Senhor; endireitai suas veredas"*.

Este João tinha sua roupa de pelos de camelo e um cinto de couro ao redor de sua cintura, e seu alimento era gafanhotos e mel silvestre.

Então vinham até ele moradores de Jerusalém, de toda a Judéia, e de toda a região próxima do Jordão; E eram por ele batizados no rio Jordão confessando os seus pecados. Mas quando ele viu muitos dos fariseus e dos saduceus que vinham ao seu batismo, disse-lhes: Ninhada de víboras! Quem vos ensinou a fugir da ira futura? Dai, pois, frutos condizentes com o arrependimento. E não imagineis, dizendo em vós mesmos: "Temos por pai a Abraão", porque eu vos digo que até destas pedras Deus pode fazer surgir filhos a Abraão. E agora mesmo o machado está posto à raiz das árvores; portanto toda árvore que não dá bom fruto é cortada e lançada ao fogo. Realmente eu vos batizo com água para arrependimento, mas aquele que vem após mim é mais poderoso do que eu; suas sandálias não sou digno de levar.

Ele vos batizará com o Espírito Santo e com fogo. Ele tem sua pá na mão; limpará sua eira, e recolherá seu trigo no celeiro; mas queimará a palha com fogo que nunca se apaga. E as multidões lhe perguntavam, dizendo: Que faremos, então? E respondendo ele, disse-lhes: Quem tiver duas túnicas, parta para o que não tem; e quem tiver alimentos, faça da mesma maneira. E vieram também a ele os cobradores de impostos, para serem batizados; e disseram-lhe: Mestre, que faremos? E ele lhes disse: Não peçais mais do que vos está ordenado.

E perguntaram-lhe também os soldados, dizendo: E nós, que faremos? E ele lhes disse: Não trateis mal a ninguém, nem a ninguém acuseis falsamente; e contentai-vos com vossos salários. E enquanto o povo estava esperando, e todos imaginavam em seus corações, se talvez João fosse o Cristo

João Batista batiza Jesus *(Mt 3:13, Lc 3:23)*

Então Jesus veio da Galiléia ao Jordão até João para ser por ele batizado. Mas João lhe impedia, dizendo: Eu preciso ser batizado por ti, e tu vens a mim? Porém Jesus lhe respondeu: Permite por agora, porque assim nos convém cumprir toda a justiça. Então ele o permitiu. E tendo Jesus sido batizado, subiu logo da água. E eis que os céus se lhe abriram, e ele viu o Espírito de Deus descendo como uma pomba, vindo sobre ele. E eis uma voz dos céus, dizendo: *"Este é o meu Filho amado, em quem me agrado."* Ora, Jesus, ao começar o seu ministério, tinha cerca de trinta anos

A tentação de Jesus *(Mt 4:1)*

Então Jesus foi levado pelo Espírito ao deserto para ser tentado pelo diabo. E depois de jejuar quarenta dias e quarenta noites, teve fome. E o tentador se aproximou dele, e disse: Se tu és o Filho de Deus, dize que estas pedras se tornem pães. Mas Jesus respondeu: Está escrito: Não só de pão viverá o homem, mas de toda palavra que sai da boca de Deus.

Então o diabo o levou consigo a santa Cidade, e o pôs sobre o ponto mais alto do Templo, e disse-lhe: Se tu és o Filho de Deus, lança-te abaixo, porque está escrito que: Mandará a seus anjos acerca de ti, e te tomarão pelas mãos, para que nunca com teu pé tropeces em pedra alguma. E Jesus lhe disse: Também está escrito: Não tentarás o Senhor teu Deus.

Outra vez o diabo o levou consigo a um monte muito alto, e lhe mostrou todos os reinos do mundo, e a glória deles, e disse-lhe: Tudo isto te darei se, prostrado, me adorares. Então Jesus disse: Vai embora, Satanás! Porque está escrito: **Ao Senhor teu Deus adorarás, e só a ele cultuarás.** Então o diabo o deixou; e eis que chegaram anjos, e o serviram.

O testemunho de João Batista sobre Jesus *(Jo 1:19)*

E este é o testemunho de João, quando os judeus mandaram alguns sacerdotes e levitas de Jerusalém, que lhe perguntassem: Tu quem és? E confessou, e não negou; e confessou: Eu não sou o Cristo. E lhe perguntaram: Quem és então? És tu Elias? E ele disse: Não sou. Eles disseram: Tu és o Profeta? E ele respondeu: Não. Disseram-lhe pois: Quem és? Para darmos resposta aos que nos enviaram. Que dizes de ti mesmo? Disse: Eu sou a voz do que clama no deserto: Endireitai o caminho do Senhor, como disse o profeta Isaías.

E os enviados eram dos fariseus. E perguntaram-lhe, e disseram-lhe: Por que, pois, batizas se tu não és o Cristo, nem Elias, nem o profeta? João lhes respondeu dizendo: Eu batizo com água; mas em meio de vós, está a quem vós não conheceis, este é aquele que vem após mim, o qual já foi antes de mim, do qual eu não sou digno de desatar a tira de sua sandália. Estas coisas aconteceram em Betânia, do outro lado do Jordão, onde João estava batizando

João narra o batismo de Jesus *(Jo 1:29)*

O dia seguinte viu João a Jesus vir a ele, e disse: Eis o Cordeiro de Deus, que tira o pecado do mundo. Este é aquele do qual eu disse: Após mim vem um homem que já foi antes de mim; porque já era primeiro que eu. E eu não o conhecia; mas para que fosse manifesto a Israel, por isso vim eu batizando com água.

E João testemunhou, dizendo: Eu vi ao Espírito como pomba descer do céu, e repousou sobre ele. E eu não o conhecia, mas aquele que me mandou a batizar com água, esse me disse: Sobre aquele que vires descer ao Espírito, e repousar sobre ele, esse é o que batiza com Espírito Santo. **E eu o vi, e testemunhado tenho, que este é o Filho de Deus.**

Os primeiros discípulos *(Jo 1:35)*

No dia seguinte estava outra vez ali João, e dois de seus discípulos. E vendo por ali andar a Jesus, disse: Eis o Cordeiro de Deus. E ouviram-lhe os dois discípulos dizer aquilo, e seguiram a Jesus.

E virando-se Jesus, e vendo-os seguir, disse-lhes: Que buscais? E eles lhe disseram: Rabi, (que traduzido, quer dizer, Mestre) onde moras? Disse-lhes ele: Vinde, e vede; foram, e viram onde morava, e ficaram com ele aquele dia; e era já quase a hora décima.

Era André, o irmão de Simão Pedro, um dos dois que ouvira aquilo de João, e o haviam seguido. Este achou primeiro a seu irmão Simão, e disse-lhe: Já achamos ao Messias (que traduzido, é o Cristo). E levou-o a Jesus. E olhando Jesus para ele, disse: Tu és Simão o filho de Jonas; tu serás chamado Cefas. (Que se traduz Pedro). O dia seguinte quis Jesus ir à Galiléia, e achou a Filipe, e disse-lhe: Segue-me. E era Filipe de Betsaida, da cidade de André e de Pedro. Filipe achou a Natanael, e disse-lhe: Havemos achado a aquele de quem Moisés escreveu na Lei, e os Profetas: A Jesus, o filho de José, de Nazaré. E disse-lhe Natanael: Pode haver alguma coisa boa de Nazaré? Filipe lhe disse: Vem, e vê. Viu Jesus a Natanael aproximar-se, e disse dele: Eis verdadeiramente um israelita, em quem não há engano! Natanael lhe disse: De onde tu me conheces? Respondeu Jesus, e disse-lhe: Antes que Filipe te chamasse, estando tu debaixo da figueira, te vi eu. Natanael respondeu, e disse-lhe: **Rabi, tu és o Filho de Deus, tu és o Rei de Israel!** Jesus respondeu, e disse-lhe: Porque te disse: Debaixo da figueira te vi, crês? Tu verás coisas maiores que estas. E disse-lhe: Em verdade, em verdade vos digo, que daqui em diante vereis o céu aberto, e aos anjos de Deus subir e descer sobre o Filho do homem.

⸰⸱⸰ *O primeiro milagre (Jo 2:1)*

E no terceiro dia houve um casamento em Caná da Galiléia; e a mãe de Jesus estava ali. E também Jesus foi convidado com seus discípulos ao casamento. E tendo faltado vinho, a mãe de Jesus lhe disse: Não têm vinho. Jesus lhe disse: O que eu tenho contigo, mulher? A minha hora ainda não chegou. Sua mãe disse aos serventes: Fazei tudo quanto ele vos disser.

E estavam ali postos seis vasos de pedra, conforme a purificação dos judeus, em cada uma cabia duas ou três metretas. Disse-lhes Jesus: Enchei estes vasos com água. E encheram-nas até encima. E disse-lhes: Agora tirai, e a levai ao mestre de cerimônia. Então levaram.

E quando o mestre de cerimônia experimentou a água feita vinho (sem saber de onde era, porém, os serventes que haviam tirado a água sabiam), o mestre de cerimônia chamou o noivo, e disse-lhe: Todos põem primeiro o vinho bom, e quando os convidados já estão inebriados, então se dá o pior; porém tu guardaste o melhor vinho até agora.

Este primeiro sinal fez Jesus em Caná da Galiléia, e manifestou sua glória; e seus discípulos creram nele. Depois disto desceu a Cafarnaum, ele e sua mãe, seus irmãos, e seus discípulos, e ficaram ali não muitos dias.

⋅⋅⋅ *A primeira purificação do templo - A primeira Páscoa (Jo 2:13)*

E estava perto a Páscoa dos judeus, e Jesus subiu a Jerusalém. E achou no Templo os que vendiam bois, ovelhas, e pombas, e os cambistas sentados.

E tendo feito um açoite com cordas, lançou todos para fora do Templo, assim como as ovelhas, e os bois; e espalhou o dinheiro dos cambistas, e virou as mesas. E aos que vendiam pombas, disse: Tirai isto daqui; e não torneis a casa de meu Pai uma casa de comércio!

E lembraram-se seus discípulos que está escrito: O zelo de tua casa tem me devorado. Responderam, pois, os Judeus, e disseram-lhe: Que sinal nos mostras de que fazes estas coisas? Respondeu Jesus, e disse-lhes: Derrubai este Templo, e em três dias o levantarei.

Os judeus, pois, disseram: Durante quarenta e seis anos este Templo foi edificado, e tu o levantarás tu em três dias? Porém ele falava do Templo de seu corpo.

Portanto, quando ressuscitou dos mortos, seus discípulos se lembraram que ele lhes tinha dito isto; e creram na Escritura, e na palavra que Jesus tinha lhes dito. E estando ele em Jerusalém pela páscoa, na festa, muitos creram em seu nome, ao verem os sinais que ele fazia.

Mas o mesmo Jesus a si mesmo não confiava neles, porque conhecia a todos. E não necessitava de que alguém lhe desse testemunho de homem algum, pois ele bem sabia o que havia no interior do homem.

⋅⋅⋅ *Nicodemos vai até Jesus (Jo 3:1)*

E havia um homem dos fariseus, cujo nome era Nicodemos, chefe dos judeus. Este veio a Jesus de noite, e disse-lhe: Rabi, bem sabemos que és Mestre vindo de Deus; porque ninguém pode fazer estes sinais que tu fazes, se Deus não for com ele.

Respondeu Jesus e disse-lhe: Em verdade, em verdade te digo, que aquele que não voltar a nascer, não pode ver o Reino de Deus.

Nicodemos lhe disse: Como pode o homem nascer, sendo já velho? Pode ele voltar a entrar no ventre de sua mãe, e nascer? Respondeu Jesus: Em verdade, em verdade te digo, que aquele que não nascer de água e do Espírito, não pode entrar no Reino de Deus.

O que é nascido de carne, carne é; e o que é nascido do Espírito, espírito é. Não te maravilhes de que te disse: necessário vos é voltar a nascer. O vento sopra onde quer, e ouves teu ruído; porém não sabes de onde vem, nem para onde vai; assim é todo aquele que é nascido do Espírito.

Nicodemos respondeu, e disse-lhe: Como pode isto acontecer? Jesus respondeu, e disse-lhe: Tu és mestre de Israel, e isto não sabes? Em verdade, em verdade te digo, que o que sabemos, falamos; e o que temos visto, testemunhamos; e não aceitais nosso testemunho. Se eu vos disse coisas terrenas, e não credes, como crereis, se vos disser as celestiais?

E ninguém subiu ao céu, a não ser o que desceu do céu: o Filho do homem, que está no céu. E como Moisés levantou a serpente no deserto, assim deve o Filho do homem ser levantado, para que todo aquele que nele crer não pereça, mas tenha a vida eterna. **Porque Deus amou ao mundo de tal maneira, que deu o seu Filho unigênito; para que todo aquele que nele crê não pereça, mas tenha a vida eterna.**

Porque Deus não mandou seu Filho ao mundo para que condenasse ao mundo; mas sim para que o mundo por ele fosse salvo; quem nele crer não é condenado; mas quem não crê já está condenado; pois não tem crido no nome do unigênito Filho de Deus. E esta é a condenação: que a luz veio ao mundo, e as pessoas amaram mais as trevas que a luz, porque suas obras eram más.

Porque todo aquele que faz o mal odeia a luz e não vem à luz, para que suas obras não sejam reprovadas. Mas quem pratica a verdade vem à luz, para que suas obras sejam manifestas, que são feitas em Deus.

Jesus e João Batista batizam muitos (Jo 3:22)

Depois disto Jesus veio com seus discípulos à terra da Judéia; e estava ali com eles, e batizava. E João também batizava em Enom, junto a Salim, porque havia ali muitas águas; e vinham ali, e eram batizados, porque João ainda não tinha sido lançado na prisão.

Discípulos de João perguntam sobre Jesus (Jo 3:25)

Houve, pois, uma discussão dos Discípulos de João com os judeus sobre a purificação. E vieram a João, e disseram-lhe: Rabi, aquele que estava contigo dalém do Jordão, ao qual tu deste testemunho, eis que batiza, e todos vem a ele.

João respondeu, e disse: O ser humano não pode receber coisa alguma, se não lhe for dada do céu. Vós mesmos me sois testemunhas, que disse: Eu não sou o Cristo; mas que sou enviado diante dele. Aquele que tem a esposa é o esposo; mas o amigo do esposo, que o apoia, e lhe ouve, alegra-se muito pela voz do esposo. Assim pois já este meu gozo é cumprido. A ele convém crescer, porém a mim diminuir.

Aquele que vem de cima, é sobre todos; aquele que vem da terra, da terra é, e da terra fala. Aquele que vem do céu é sobre todos. E daquilo que viu e ouviu, isto testemunha; e ninguém aceita seu testemunho.

Aquele que aceitou seu testemunho, esse selou que Deus é verdadeiro. Porque aquele que Deus enviou, a palavra de Deus fala; porque não lhe dá Deus o Espírito por medida. O Pai ama ao Filho, e todas as coisas lhe deu em sua mão. **Aquele que crê no Filho tem vida eterna**; porém aquele que é desobediente ao Filho não terá a vida eterna, mas a ira de Deus continua sobre ele.

Herodes prende João Batista (Lc 3:19, Mt 4:12)

Sendo, porém, Herodes Tetrarca repreendido por ele por causa de Herodias, mulher de seu irmão Filipe, e por todas as demais maldades que Herodes tinha feito; acrescentou ainda esta sobre todas, que a João encerrou na prisão. Mas quando Jesus ouviu que João estava preso, voltou para a Galiléia.

Jesus vai à Galiléia (Jo 4:1)

Quando, pois, o Senhor veio, a saber, que os fariseus ouviram que ele, Jesus, fazia e batizava mais discípulos que João (ainda que Jesus mesmo não batizasse, mas sim seus discípulos), Ele deixou a Judéia, e foi outra vez para a Galiléia.

A mulher Samaritana (Jo 4:4)

E foi necessário passar por Samaria. Veio, pois, a uma cidade de Samaria, chamada Sicar, junto à propriedade que Jacó deu a seu filho José. E ali estava a fonte de Jacó.

Então Jesus, cansado do caminho, sentou-se assim junto à fonte; era isto quase à hora sexta. Veio então uma mulher de Samaria para tirar água; Disse-lhe Jesus: Dá-me de beber, (porque seus discípulos haviam ido à cidade para comprar algo para comer). Disse-lhe, pois a mulher samaritana: Como, sendo tu judeu, me pedes de beber, que sou mulher samaritana? (Porque os judeus não se comunicam com os samaritanos.)

Respondeu Jesus, e disse-lhe: Se tu conhecesses o dom de Deus, e quem é o que te diz: Dá-me de beber, tu lhe pedirias, e ele te daria água viva. Disse a mulher: Senhor, tu não tens com que a tirar, e o poço é fundo; de onde pois tens a água viva? És tu maior que nosso Pai Jacó, que nos deu o poço? E ele mesmo bebeu, e bem assim deu a seus filhos, e seu gado? Jesus respondeu, e disse-lhe: Todo aquele que beber desta água voltará a ter sede; **porém aquele que beber da água que eu lhe der, para sempre não terá sede, mas a água que eu lhe der se fará nele fonte de água, que salte para vida eterna.**

Disse-lhe a mulher: Senhor, dá-me desta água, para que eu não tenha mais sede, nem venha aqui para tirar. Disse-lhe Jesus: Vai, chama a teu marido, e vem cá. A mulher respondeu, e disse: Não tenho marido. Disse-lhe Jesus: Bem disseste: Marido não tenho. Porque cinco maridos tiveste, e o que agora tens não é teu marido; isto com verdade disseste. Disse-lhe a mulher: Senhor, vejo que és profeta. Nossos pais adoraram neste monte, e vós dizeis que em Jerusalém é o lugar onde se deve adorar.

Disse-lhe Jesus: Mulher, crê em mim, que a hora vem, quando nem neste monte, nem em Jerusalém, adorareis ao Pai. Vós adorais o que não sabeis; nós adoramos o que sabemos, porque a salvação vem dos judeus. Porém a hora vem, e agora é, quando os verdadeiros adoradores adorarão ao Pai em espírito e em verdade; porque também o Pai busca a tais que o adorem. Deus é Espírito, e os que o adoram devem adorá-lo em espírito e em verdade. Disse-lhe a mulher: Eu sei que o Messias vem (que se chama o Cristo); quando ele vier, todas as coisas nos anunciará. Disse-lhe Jesus: Eu sou o que contigo falo.

E nisto vieram seus discípulos; e maravilharam-se de que falasse com uma mulher; mas ninguém lhe disse: Que perguntas ou, O que falas com ela? Deixou, pois, a mulher seu vaso de água, e foi à cidade, e disse ao povo: Vinde, vede um homem que me disse tudo quanto tenho feito; por acaso não é este o Cristo? Saíram, pois, da cidade, e vieram a ele.

E enquanto isso, os discípulos lhe pediam, dizendo: Rabi, come. Porém ele lhes disse: Uma comida tenho que comer, que vós não sabeis. Diziam, pois, os discípulos uns aos outros: Por acaso alguém lhe trouxe de comer? Disse-lhes Jesus: Minha comida é fazer a vontade daquele que me enviou, e cumprir sua obra. Não dizeis vós, que ainda há quatro meses até que venha a ceifa?

Eis que vos digo: Levantai vossos olhos, e vede as terras; porque já estão brancas para a ceifa. E o que ceifa, recebe recompensa, e junta fruto para vida eterna; para que ambos se alegrem, tanto o que semeia, quanto o que ceifa. Porque nisto é verdadeiro o ditado, que: Um é o que semeia, e outro o que ceifa. Eu vos enviei para ceifar onde vós não trabalhastes; outros trabalharam, e vós entrastes no trabalho deles.

Os samaritanos creem em Jesus (Jo 4:39)

E muitos dos samaritanos daquela cidade creram nele pela palavra da mulher, que testemunhava, dizendo: Ele me disse tudo quanto eu tenho feito. Vindo, pois os samaritanos a ele, suplicaram-lhe que ficasse com eles; e ele ficou ali dois dias.

E creram ainda muitos mais pela palavra dele. E diziam à mulher: Já não cremos por teu dito; porque nós mesmos temos o ouvido, e **sabemos que verdadeiramente este é o Cristo, o Salvador do mundo.**

Jesus retorna à Galiléia (Jo 4:43)

E depois de dois dias partiu dali, e foi-se para a Galiléia. Porque o mesmo Jesus testemunhou que não tem o Profeta honra em sua própria terra. Vindo, pois para a Galiléia, os Galileus o receberam, havendo visto todas as coisas que fizera em Jerusalém no dia da festa, porque também eles foram ao dia da festa.

A cura do filho de um nobre (Jo 4:46)

Veio, pois Jesus outra vez a Caná da Galiléia, onde da água fizera vinho. E estava ali um nobre, cujo filho estava enfermo em Cafarnaum. Ouvindo este que Jesus vinha da Judéia para a Galiléia, foi ter com ele, e suplicava-lhe que descesse, e curasse a seu filho, porque já estava à morte. Disse-lhe, pois Jesus: Se não virdes sinais e milagres não crereis. O nobre lhe disse: Senhor desce, antes que meu filho morra. Disse-lhe Jesus: Vai, teu filho vive.

E o homem creu na palavra que Jesus lhe disse, e se foi. E estando ele já descendo, seus servos lhe saíram ao encontro, e lhe anunciaram, dizendo: Teu filho vive. Perguntou-lhes, pois a que hora se achara melhor; e disseram-lhe: Ontem às sete horas a febre o deixou. Entendeu, pois o pai, que aquela era a mesma hora em que Jesus lhe disse: Teu filho vive. E creu nele, e toda sua casa. Este segundo sinal Jesus voltou a fazer, quando ele veio da Judéia a Galiléia.

⁘ *Jesus se estabelece em Cafarnaum (Mt 4:13)*

E deixando Nazaré, veio a morar em Cafarnaum, cidade marítima, nos limites de Zebulom e Naftali, para que se cumprisse o que foi anunciado pelo profeta Isaías, que disse: *"A terra de Zebulom e a terra de Naftali, caminho do mar, além do Jordão, a Galiléia dos gentios; O povo sentado em trevas viu uma grande luz; aos sentados na região da sombra da morte, a luz lhes apareceu."*

⁘ *Jesus começa a pregar sobre o reino de Deus (Mt 4:17, Lc 4:14)*

Desde então Jesus começou a pregar e a dizer: Arrependei-vos, porque perto está o Reino dos céus. Então voltou Jesus para a Galiléia no poder do Espírito; e a sua fama correu por toda a circunvizinhança. Ensinava nas sinagogas deles, e por todos era louvado.

⁘ *Jesus é expulso de Nazaré (Lc 4:16)*

E veio a Nazaré, onde fora criado, e entrou, segundo seu costume, um dia de Sábado, na sinagoga; e levantou-se para ler. Foi-lhe dado o livro do Profeta Isaías; e quando abria o livro, achou o lugar onde estava escrito: *"O Espírito do Senhor está sobre mim, portanto me ungiu; para evangelizar aos pobres me enviou, para curar aos contritos de coração; Para pregar liberdade aos cativos e vista aos cegos; para enviar em liberdade aos quebrantados; para apregoar o ano agradável do Senhor."* E fechando o livro, e tornando-o a dar ao assistente, sentou-se; e os olhos de todos na sinagoga se dirigiram a ele. E começou-lhes a dizer: Hoje se cumpriu esta escritura em vossos ouvidos. E todos lhe davam testemunho, e se maravilhavam das palavras de graça que saíam de sua boca; e diziam: Não é este o filho de José? E ele lhes disse: Sem dúvida este provérbio me direis: Medico, cura a ti mesmo; de todas as coisas que ouvimos que foram feitas em Cafarnaum, faze também aqui algumas em tua pátria.

E disse: Em verdade vos digo, que nenhum profeta é agradável em sua pátria. Porém em verdade vos digo, que muitas viúvas haviam em Israel nos dias de Elias, quando o céu se fechou por três anos e seis meses; de modo que em toda a terra houve grande fome. E a nenhuma delas Elias foi enviado, a não ser a uma mulher viúva de Sarepta de Sidon. E muitos leprosos havia em Israel, no tempo do profeta Eliseu; e nenhum deles foi limpo, a não ser Naamã o sírio.

E todos na sinagoga, ao ouvirem estas coisas, encheram-se de ira. E levantando-se, expulsaram-no da cidade, e o levaram até o cume do monte em que sua cidade estava edificada, para o lançarem dali do alto abaixo. Mas ele, passando por meio deles, foi embora.

Chamados ao discipulado e a pesca milagrosa (Lc 5:1, Mt 4:18)

E aconteceu que, amontoando-se as multidões sobre ele, por ouvirem a palavra de Deus, ele estava junto ao lago de Genesaré. E viu dois barcos que estavam junto ao lago, viu dois irmãos: Simão, chamado Pedro, e seu irmão André, e havendo os pescadores descido deles, estavam lavando as redes.

E entrando em um daqueles barcos, que era o de Simão, pediu-lhe que o desviasse um pouco da terra; e sentando-se, ensinava às multidões enquanto estava no barco. E quando terminou de falar, disse a Simão: Vai ao alto mar, e lançai vossas redes para pescar.

E respondendo Simão, disse-lhe: Mestre, havendo trabalhado toda a noite, nada tomamos; mas por tua palavra lançarei a rede. E fazendo-o assim, recolheram grande quantidade de peixes, a ponto da rede se romper. E acenaram aos companheiros que estavam no outro barco, que viessem ajudar.

E vieram, e encheram ambos os barcos, de tal modo, que quase afundavam. E vendo Simão Pedro isto, prostrou-se aos pés de Jesus, dizendo: Sai de mim, Senhor, porque sou homem pecador.

Porque ele havia sido tomado pelo espanto, e a todos os que estavam com ele. E semelhantemente também a Tiago e a João, filhos de Zebedeu, que eram companheiros de Simão.

E disse Jesus a Simão: Não temas, desde agora pescarás gente. E quando levaram os barcos à terra, deixaram tudo, e o seguiram.

Endemoniado liberto em Cafarnaum (Mc 1:21, Lc 4:35)

Eles entraram em Cafarnaum; e assim que chegou o sábado, Jesus entrou na sinagoga e começou a ensinar. E ficavam admirados com o seu ensinamento, pois, diferentemente dos escribas, ele os ensinava como quem tem autoridade.

E havia na sinagoga deles um homem com um espírito imundo, que gritou, dizendo: Ah, que temos contigo, Jesus Nazareno? Vieste para nos destruir? **Bem sei quem és: o Santo de Deus.** Jesus o repreendeu, dizendo: Cala-te, e sai dele.

E o demônio, derrubando-o no meio de todos, provocando convulsão nele, e gritando em alta voz, saiu dele. Assim todos ficaram admirados, e perguntavam entre si: Que é isto? Que novo ensinamento é este que, com que autoridade, ordena até aos espíritos imundos, e eles lhe obedecem? E logo sua fama se espalhou por toda a região da Galiléia.

A cura da sogra de Pedro (Mt 8:14, Mc 1:34, Lc 4:41)

E quando Jesus veio à casa de Pedro, viu a sogra dele, deitada e com febre. Ele tocou a mão dela, e a febre a deixou. Então ela se levantou e começou a servi-los.

Quando chegou ao anoitecer, trouxeram-lhe muitos endemoninhados. Ele expulsou-lhes os espíritos com a palavra, e curou todos os que estavam doentes, para que se cumprisse o que havia sido dito pelo profeta Isaías, que disse: *"Ele mesmo tomou sobre si as nossas enfermidades, e levou as nossas doenças."*

Ele curou muitos que se achavam mal de diversas enfermidades, e expulsou muitos demônios. E também os demônios saíam de muitos, clamando e dizendo: Tu és o Cristo, o Filho de Deus; e ele, repreendendo-os, não os deixava falar, porque sabiam que ele era o Cristo.

Jesus ora em um lugar solitário (Mc 1:35)

De madrugada, ainda escuro, ele se levantou para sair, foi a um lugar deserto, e ali esteve a orar. Simão e os que estavam com ele o seguiram.

Quando o acharam, disseram-lhe: Todos estão te procurando. Jesus lhes respondeu: Vamos para as aldeias vizinhas, para que eu também pregue ali, pois vim para isso.

Jesus segue para a Galiléia (Mt 4:23)

E Jesus rodeava toda a Galiléia, ensinando em suas sinagogas, pregando o Evangelho do Reino, e curando toda enfermidade e toda doença no povo.

Sua fama corria por toda a Síria, e traziam-lhe todos que sofriam de algum mal, tendo diversas enfermidades e tormentos, e os endemoninhados, epiléticos e paralíticos; e ele os curava. E muitas multidões da Galiléia, de Decápolis, de Jerusalém, da Judéia, e dalém do Jordão o seguiam.

⊷ *Jesus sara um leproso* (Mc 1:40)

Um leproso aproximou-se dele, rogando-lhe, pondo-se de joelhos diante dele, e dizendo-lhe: Se quiseres, tu podes limpar-me. **E Jesus, movido de compaixão, estendeu a mão, tocou-o e disse-lhe: Quero; sê limpo.** Quando disse isso, logo a lepra saiu dele, e ficou limpo.

Jesus advertiu-o, e logo o despediu, dizendo-lhe: Cuidado, não digas nada a ninguém. Mas vai, mostra-te ao Sacerdote, e oferece por teres ficado limpo o que Moisés mandou, para lhes servir de testemunho. Porém, quando ele saiu, começou a anunciar muitas coisas, e a divulgar a notícia, de maneira que Jesus já não podia entrar publicamente na cidade; em vez disso, ficava do lado de fora em lugares desertos, e pessoas de todas as partes vinham até ele.

⊷ *Jesus cura o paralítico abaixado pelo telhado* (Mt 9:1, Lc 5:17)

Então ele entrou no barco, passou para a outra margem, e veio à sua própria cidade. E aconteceu em um daqueles dias que estava ensinando, e estavam ali sentados fariseus e doutores da Lei, que tinham vindo de todas as aldeias da Galileia, e da Judeia, e de Jerusalém; e o poder do Senhor estava ali para os curar. E eis que uns homens, que traziam em uma cama um homem que estava paralítico; e procuravam levá-lo para dentro, e o porem diante dele.

E não achando por onde o poder levar para dentro, subiram em cima do telhado, e pelas telhas o abaixaram com o leito para o meio da casa, diante de Jesus. E vendo ele a fé deles, disse-lhe: Homem, teus pecados são perdoados.

E os escribas e os fariseus começaram a questionar, dizendo: Quem é este, que fala blasfêmias? Quem pode perdoar pecados, senão só Deus? Porém conhecendo Jesus seus pensamentos, respondeu e disse-lhes: O que vós imaginais em vossos corações? O que é mais fácil? Dizer: Teus pecados são perdoados? Ou dizer: Levanta-te, e anda?

Ora, para que saibais que o Filho do homem tem poder para na terra perdoar pecados, disse ao paralítico: **Eu digo a ti, levanta-te, toma o teu leito, e vai para tua casa.**

E ele, levantando-se logo diante deles, tomou o leito em que estava deitado, e foi para a sua casa, glorificando a Deus. E todos ficaram admirados, e glorificavam a Deus; e ficaram cheios de temor, dizendo: Hoje vimos coisas extraordinarias!

⁓ *Mateus chamado a ser discípulo* (Mt 9:9)

E Jesus, ao passar dali, viu um homem sentado na coletoria de impostos, chamado Mateus; e disse-lhe: Segue-me. Então este se levantou e o seguiu. E aconteceu que, enquanto Jesus estava sentado à mesa na casa de Mateus, eis que muitos cobradores de impostos e pecadores vieram e se sentaram à mesa juntamente com Jesus e seus discípulos.

E quando os fariseus viram isto, perguntaram aos seus discípulos: Por que o vosso Mestre come com cobradores de impostos e pecadores? Porém Jesus ouviu, e respondeu-lhes: Os que têm saúde não precisam de médico, mas sim os que estão doentes. Mas ide aprender o que significa: "Quero misericórdia, e não sacrifício". Porque eu não vim chamar os justos, mas sim os pecadores, ao arrependimento.

⁓ *Os discípulos de jesus não jejuam* (Mt 9:14)

Então os discípulos de João vieram a ele, e perguntaram: Por que nós e os fariseus jejuamos muitas vezes, mas os teus discípulos não jejuam?

E Jesus lhes respondeu: Podem, por acaso, os convidados do casamento andar tristes enquanto o noivo está com eles? Mas dias virão, quando o noivo lhes for tirado, e então jejuarão.

E ninguém põe remendo de pano novo em roupa velha; porque tal remendo rasga a roupa, e o rompimento se torna pior. Nem põem vinho novo em odres velhos; pois senão os odres se rompem, o vinho se derrama, e os odres se perdem; mas põem o vinho novo em odres novos, e ambos juntamente se conservam.

⁓ *O paralítico no tanque de Betesda - Segunda Páscoa* (Jo 5:1)

Depois disto houve uma festa dos judeus, e subiu Jesus para Jerusalém. E há em Jerusalém à porta das ovelhas um tanque, que em hebraico se chama Betesda, que tem cinco entradas cobertas. Nestes jazia grande multidão de enfermos, cegos, mancos, e de corpo ressecado, aguardando o movimento da água. Porque um anjo descia de vez em quando ao tanque, e agitava a água; e o primeiro que descia nele, depois do movimento da água, sarava de qualquer enfermidade que tivesse.

E estava ali certo homem, que havia trinta e oito anos que estava enfermo. Vendo Jesus a este deitado, e sabendo, que já havia muito tempo que ali jazia, disse-lhe: Queres sarar? Respondeu-lhe o enfermo: Senhor não tem homem algum para que, quando a água se agita, me ponha no tanque; e enquanto eu venho, outro desce antes de mim.

Disse-lhe Jesus: **Levanta-te, toma teu leito, e anda.** E logo aquele homem sarou; e tomou seu leito, e andou. E era Sábado aquele dia. Disseram, pois os judeus para aquele que fora curado: É Sábado, não te é lícito levar o leito. Respondeu-lhes ele: Aquele que me curou, esse me disse: Toma teu leito, e anda. Perguntaram-lhe, pois: Quem é o homem que te disse: Toma teu leito e anda? E o que fora curado, não sabia quem o era, porque Jesus se havia retirado, porque naquele lugar havia uma grande multidão.

Depois Jesus achou-o no Templo, e disse-lhe: Eis que já estás são; não peques mais, para que não te suceda alguma coisa pior. Aquele homem foi anunciar aos judeus que Jesus era o que o curara. E por isso os judeus perseguiam Jesus e procuravam matá-lo, porque ele fazia estas coisas no sábado. E Jesus lhes respondeu: Meu Pai até agora trabalha, e eu também trabalho. Por isto ainda mais procuravam os Judeus matá-lo, porque não só quebrava o sábado, mas também dizia que Deus era seu próprio Pai, fazendo-se igual a Deus.

⁓ *A ressurreição e a vida* (Jo 5:19)

Respondeu, pois Jesus, e disse-lhes: Em verdade, em verdade vos digo, que não pode o Filho fazer coisa alguma de si mesmo, a não ser aquilo que ele veja o Pai fazer; porque todas as coisas que ele faz, semelhantemente o Filho também as faz.

Porque o Pai ama ao Filho, e todas as coisas que faz lhe mostra; e maiores obras que estas lhe mostrará, para que vós vos maravilheis. Porque como o Pai aos mortos ressuscita e vivifica, assim também o Filho aos que quer vivifica. Porque também o Pai a ninguém julga, mas todo o juízo deu ao Filho, para que todos honrem ao Filho, como honram ao Pai. Quem não honra ao Filho, não honra ao Pai que o enviou. **Em verdade, em verdade vos digo, que quem ouve minha palavra, e crê ao que me enviou, tem vida eterna, e não virá em condenação, mas passou da morte para a vida.**

Em verdade, em verdade vos digo, que a hora vem, e agora é, quando os mortos ouvirão a voz do Filho de Deus, e aos que ao ouvirem, viverão. Porque como o Pai tem vida em si mesmo, assim deu também ao Filho que tivesse vida em si mesmo. E deu-lhe poder, para fazer juízo, porque é o Filho do homem. Não vos maravilheis disto; porque a hora vem, em que todos os que estão nos sepulcros ouvirão sua voz. E sairão os que fizeram bem, para a ressurreição de vida; e os que fizeram mal, à ressurreição de condenação.

Sobre a Sua autoridade (Jo 5:30)

Não posso eu de mim mesmo fazer alguma coisa. Como ouço, assim julgo; e meu juízo é justo; porque não busco minha vontade, mas a vontade do Pai que me enviou. Se eu testemunho de mim mesmo, meu testemunho não é verdadeiro. Outro há que testemunha de mim, e sei que o testemunho, que testemunha de mim, é verdadeiro. Vós enviastes mensageiros a João, e ele deu testemunho à verdade. Porém eu não recebo testemunho humano; mas digo isto para que sejais salvos.

Ele era uma lâmpada ardente e brilhante; e vós quisestes por um pouco de tempo alegrar em sua luz. Mas eu tenho maior testemunho que o de João; **porque as obras que o Pai me deu que cumprisse, as mesmas obras que eu faço, testemunham de mim que o Pai me enviou.**

E o Pai que me enviou, ele mesmo testemunhou de mim. Nunca ouvistes sua voz, nem vistes sua aparência. E não tendes sua palavra permanecendo em vós; porque ao que ele enviou, a esse vós não credes. Investigai as Escrituras; porque vós pensais que nelas tendes a vida eterna, e elas são as que de mim testemunham.

E não quereis vir a mim, para que tenhais vida. Não recebo honra humana. Mas eu bem vos conheço que não tendes o amor de Deus em vós mesmos. Eu vim em nome de meu Pai, e vós não me aceitais; se outro vier em seu próprio nome, a esse aceitareis. Como podeis vós crer, se tomais honra uns dos outros, e não buscais a honra que vem somente de Deus? Não penseis que eu vos tenha de acusar para com o Pai; o que vos acusa é Moisés, em quem vós esperais. Porque se vós crêsseis em Moisés, também a mim me creríeis; porque de mim ele escreveu. Mas se não credes em seus escritos, como crereis em minhas palavras?

Os discípulos colhem espigas no sábado (Mt 12:1)

Naquele tempo Jesus estava indo pelas plantações de cereais no sábado. Seus discípulos tinham fome, e começaram a arrancar espigas e a comer. Quando os fariseus viram, disseram-lhe: Eis que os teus discípulos fazem o que não é lícito fazer no sábado.

Ele, porém, lhes disse: Não lestes o que Davi fez quando teve fome, ele e os que com ele estavam, como ele entrou na casa de Deus, e comeu os pães da proposição, que a ele não era lícito comer, nem também aos que com ele estavam, a não ser somente aos sacerdotes? Ou não lestes na Lei que, nos sábados, os sacerdotes no Templo profanam o sábado, sem se tornarem culpados? Eu, porém, vos digo que o maior que o Templo está aqui.

Mas se vós soubésseis o que significa: "Quero misericórdia, e não sacrifício", não condenaríeis os inocentes. Porque o Filho do homem é Senhor até do sábado

A mão de um homem curada no sábado (Lc 6:6, Mt 12:10b)

E aconteceu também em outro sábado que entrou na sinagoga, e ensinava; e ali estava um homem que tinha a mão direita definhada.

E eles, a fim de o acusarem, perguntaram-lhe: É lícito curar no sábado? E ele lhes respondeu: Qual de vós será a pessoa que, caso tenha uma ovelha, e se a tal cair em uma cova no sábado, não usará de sua força para levantá-la? Ora, quanto mais vale um ser humano que uma ovelha!

Assim, pois, é lícito fazer o bem nos sábados. Então disse para aquele homem: **Estende a tua mão. E ele a estendeu, e foi-lhe restaurada**, sã como a outra. Então os fariseus saíram e se reuniram para planejar contra ele, como o matariam.

·✦· *Jesus sara a todos* (Mt 12:15)

Mas Jesus, sabendo disso, retirou-se dali. Muitas multidões o seguiram, **e ele curou a todos.** E ele lhes ordenava que não o tornassem conhecido; para que se cumprisse o que foi dito pelo profeta Isaías: *"Eis aqui meu servo a quem escolhi, meu amado em quem minha alma se agrada; sobre ele porei o meu Espírito, e ele anunciará justiça às nações. Ele não fará brigas, nem gritará; ninguém ouvirá sua voz pelas ruas. A cana esmagada ele não despedaçará, o pavio que fumega ele não apagará, até que conduza a justiça à vitória. E em seu nome as nações esperarão."*

·✦· *Jesus elege os seus doze apóstolos* (Mc 3:13, Lc 6:17)

Ele subiu ao monte, e chamou para si os que quis; então vieram a ele. E constituiu doze para que estivessem com ele, para enviá-los a pregar, para que tivessem poder de curar as enfermidades e expulsar os demônios. Eram eles: Simão, a quem pôs por nome Pedro; Tiago filho de Zebedeu, e João, irmão de Tiago; e pôs-lhes por nome Boanerges, que significa "filhos do trovão"; e André, Filipe, Bartolomeu, Mateus, Tomé; Tiago filho de Alfeu; Tadeu; Simão o zelote; e Judas Iscariotes, o que o traiu.

E descendo com eles, parou em um lugar plano, e com ele os seus muitos discípulos, e grande multidão do povo de toda a Judeia, e de Jerusalém, e da costa marítima de Tiro, e de Sidon. Que tinham vindo para o ouvir, e para serem curados de suas enfermidades; como também aos atormentados de espíritos imundos; e foram curados. E toda a multidão procurava tocá-lo; porque saia poder, e curava a todos.

·✦· *O sermão da montanha* (Mt 5:1)

E quando Jesus viu as multidões, subiu a um monte; e sentando-se, achegaram-se a ele os seus discípulos. Então ele abriu sua boca e lhes ensinou, dizendo:

·✦· *As bem-aventuranças – Início do sermão* (Mt 5:3)

Benditos são os humildes de espírito, porque deles é o Reino dos céus. Benditos são os que choram, porque eles serão consolados. Benditos são os mansos, porque eles herdarão a terra. Benditos são os que têm fome e sede de justiça, porque eles serão saciados.

Benditos são os misericordiosos, porque eles alcançarão misericórdia. Benditos são os limpos de coração, porque eles verão a Deus. Benditos são os pacíficos, porque eles serão chamados filhos de Deus.

Benditos são os que sofrem perseguição por causa da justiça, porque deles é o Reino dos céus. Benditos sois vós, quando vos insultarem, perseguirem, e mentirem, falando contra vós todo mal por minha causa. Jubilai e alegrai-vos, porque grande é vossa recompensa nos céus; pois assim perseguiram aos profetas que foram antes de vós.

Aos Ais *(Lc 6:24)*

Mas ai de vós, ricos, porque já tendes vosso contento. Ai de vós que estais fartos, porque tereis fome. Ai de vós que agora rides, porque lamentareis, e chorareis. Ai de vós, quando todos falarem bem de vós; porque assim faziam seus pais aos falsos profetas.

O sal da terra e a luz do mundo *(Mt 5:13)*

Vós sois o sal da terra; mas se o sal perder seu sabor, com que se salgará? Para nada mais presta, a não ser para se lançar fora, e ser pisado pelas pessoas.

Vós sois a luz do mundo; não se pode esconder uma cidade fundada sobre o monte; nem se acende a lâmpada para se pôr debaixo de um cesto, mas sim na luminária, e ilumina a todos quantos estão na casa. Assim brilhe vossa luz diante das pessoas, para que vejam vossas boas obras, e glorifiquem ao vosso Pai, que está nos céus.

O cumprimento da lei *(Mt 5:17)*

Não penseis que vim para revogar a Lei ou os Profetas; não vim para revogar, mas sim para cumprir. Porque em verdade vos digo que, até que o céu e a terra passem, nem um jota nem um til passará da Lei até que tudo aconteça.

Portanto qualquer um que desobedecer a um destes menores mandamentos, e assim ensinar às pessoas, será chamado o menor no Reino dos céus; porém qualquer que os cumprir e ensinar, esse será chamado grande no Reino dos céus. Porque eu vos digo que se a vossa justiça não for maior que a dos escribas e dos fariseus, de maneira nenhuma entrareis no Reino dos céus.

Ouvistes o que foi dito aos antigos: "Não cometerás homicídio"; "mas qualquer um que cometer homicídio será réu do julgamento". Porém eu vos digo que qualquer um que se irar contra seu irmão sem razão será réu do julgamento. E qualquer um que disser a seu irmão: "Idiota!" Será réu do tribunal. E qualquer que lhe disser: "Louco!" Será réu do fogo do inferno.

Portanto, se trouxeres tua oferta ao altar, e ali te lembrares que teu irmão tem algo contra ti, deixa ali tua oferta diante do altar e vai primeiro reconciliar-te com teu irmão, e então vem oferecer a tua oferta. Faze acordo depressa com teu adversário, enquanto estás com ele no caminho, para não acontecer que o adversário te entregue ao juiz, e o juiz te entregue ao oficial, e te lancem na prisão.

Em verdade te digo que não sairás dali enquanto não pagares a última moeda. Ouvistes o que foi dito aos antigos: "Não adulterarás". Porém eu vos digo que qualquer um que olhar para uma mulher para cobiçá-la, em seu coração já adulterou com ela.

Se o teu olho direito te faz pecar, arranca-o e lança-o de ti; porque é melhor para ti que um dos teus membros se perca do que o teu corpo todo seja lançado no inferno.

E se a tua mão direita te faz pecar, corta-a e lança-a de ti; porque é melhor para ti que um dos teus membros se perca do que o teu corpo todo seja lançado no inferno. Também foi dito: "Qualquer um que se divorciar sua mulher, dê a ela carta de separação".

Porém eu vos digo que qualquer um que se divorciar de sua mulher, a menos que seja por causa de pecado sexual, faz com que ela adultere; e qualquer um que se casar com a divorciada comete adultério.

❧ *Sobre juramentos* (Mt 5:33)

Também ouvistes que foi dito aos antigos: "Não jurarás falsamente", "mas cumprirás ao Senhor os teus juramentos". Porém eu vos digo que de maneira nenhuma jureis; nem pelo céu, porque é o trono de Deus; nem pela terra, porque é o suporte de seus pés; nem por Jerusalém, porque é a cidade do grande Rei.

Nem por tua cabeça jurarás, pois nem sequer um cabelo pode tornar branco ou preto. Mas seja vosso falar: "sim", "sim", "não", "não"; porque o que disso passa procede do maligno.

⋅✣⋅ *Olho por olho* (Mt 5:38)

Ouvistes o que foi dito: "Olho por olho, e dente por dente". Mas eu vos digo que não resistais a quem for mau; em vez disso, a qualquer um que te bater à tua face direita, mostra-lhe também a outra. E ao que quiser disputar contigo, e te tomar tua túnica, deixa-lhe também a capa. E se qualquer um te obrigar a caminhar uma milha, vai com ele duas. Dá a quem te pedir; e não te desvies de quem quiser de ti tomar emprestado.

⋅✣⋅ *Amor aos inimigos* (Mt 5:43)

Ouvistes o que foi dito: "Amarás teu próximo", e "odiarás teu inimigo". Porém eu vos digo: amai vossos inimigos, bendizei os que vos maldizem, fazei bem aos que vos odeiam, e orai pelos que vos maltratam e vos perseguem, para que sejais filhos de vosso Pai que está nos céus; porque ele faz seu sol sair sobre maus e bons, e chover sobre justos e injustos. Pois se amardes os que vos amam, que recompensa tereis? Não fazem os cobradores de impostos também o mesmo? E se saudardes somente os vossos irmãos, o que fazeis de mais? Não fazem os cobradores de impostos também assim? Portanto, sede vós perfeitos, assim como vosso Pai que está nos céus é perfeito.

⋅✣⋅ *Sobre falsa caridade* (Mt 6:1)

Ficai atentos para que não façais vossa esmola diante das pessoas a fim de que sejais vistos por elas; de outra maneira não tereis recompensa de vosso Pai que está nos céus. Portanto, quando fizeres esmola, não faças tocar trombeta diante de ti, como fazem os hipócritas nas sinagogas e nas ruas, para serem honrados pelas pessoas; em verdade vos digo que já receberam sua recompensa. Mas quando tu fizeres esmola, não saiba tua mão esquerda o que faz a tua direita; para que a tua esmola seja em segredo, e teu Pai, que vê em segredo, ele te recompensará em público.

⋅✣⋅ *Sobre a oração* (Mt 6:5)

E quando orares, não sejais como os hipócritas; porque eles amam orar em pé nas sinagogas e nas esquinas das ruas para serem vistos pelas pessoas. Em verdade vos digo que já receberam sua recompensa. Porém tu, quando orares, entras em teu quarto, fecha tua porta, e ora a teu Pai, que está em segredo; e teu Pai, que vê em segredo, ele te recompensará em público. E quando orardes, não façais repetições inúteis como os gentios, que pensam que por muito falarem serão ouvidos.

Não sejais, pois, semelhantes a eles; porque vosso Pai sabe o que necessitais, antes que vós peçais a ele.

Vós, portanto, orareis assim: *"Pai nosso, que estás nos céus, santificado seja o teu nome. Venha o teu Reino. Seja feita a tua vontade, tanto na terra, assim como no céu. O pão nosso de cada dia nos dá hoje. E perdoa-nos nossas dívidas, assim como nós também perdoamos aos nossos devedores. E não nos conduzas à tentação, mas livra-nos do mal; porque teu é o Reino, o poder, e a glória, para sempre, Amém."*

Porque se perdoardes às pessoas suas ofensas, vosso Pai celestial também vos perdoará; mas se não perdoardes às pessoas suas ofensas, também vosso Pai não vos perdoará vossas ofensas.

Sobre o jejum *(Mt 6:16)*

E quando jejuardes, não vos mostreis tristonhos, como os hipócritas; porque eles desfiguram seus rostos, para parecerem aos outros que jejuam.

Em verdade vos digo que eles já receberam sua recompensa. Porém tu, quando jejuares, unges a tua cabeça e lava o teu rosto, para não pareceres às pessoas que jejuas, mas sim ao teu Pai, que está em segredo; e teu Pai, que vê em segredo, ele te recompensará em público.

Tesouros passageiros *(Mt 6:19)*

Não ajunteis para vós tesouros na terra, onde a traça e a ferrugem consomem, e onde os ladrões invadem e roubam; mas ajuntai para vós tesouros no céu, onde nem a traça nem a ferrugem consomem, e onde os ladrões não invadem nem roubam. Porque onde estiver o vosso tesouro, ali estará também o vosso coração.

Pureza no olhar *(Mt 6:22)*

A lâmpada do corpo é o olho; portanto, se o teu olho for puro, todo o teu corpo será luminoso. Porém se o teu olho for maligno, todo o teu corpo estará em trevas. Assim, se a luz que há em ti são trevas, como são grandes essas trevas!

Sobre a lealdade (Mt 6:24)

Ninguém pode servir a dois senhores; pois ou odiará um e amará outro; ou se apegará a um, e desprezará o outro. Não podeis servir a Deus e às riquezas.

Sobre a ansiedade (Mt 6:25)

Por isso vos digo: não andeis ansiosos por vossa vida, sobre o que haveis de comer, ou que haveis de beber; nem por vosso corpo, sobre com que vos haveis de vestir. Não é a vida mais que o alimento, e o corpo mais que a roupa? Olhai para as aves do céu, que não semeiam, nem ceifam, nem ajuntam em celeiros; contudo vosso Pai celestial as alimenta. Não sois vós muito mais importantes que elas?

E qual de vós poderá, por sua ansiedade, acrescentar um côvado à sua estatura? E por que andais ansiosos pela roupa? Prestai atenção aos lírios do campo, como crescem; eles nem trabalham nem fiam. E eu vos digo que nem mesmo Salomão, em toda a sua glória, se vestiu como um deles. Se Deus veste desta maneira a erva do campo, que hoje existe, e amanhã é lançada no forno, não vestirá ele muito mais a vós, que tendes pouca fé? Não andeis, pois, ansiosos, dizendo: "Que comeremos?" Ou "Que beberemos?" Ou "Com que nos vestiremos?" Porque os gentios buscam todas estas coisas, e vosso Pai celestial sabe que necessitais destas coisas, todas elas.

Mas buscai primeiramente o Reino de Deus e a sua justiça, e todas estas coisas vos serão acrescentadas. Não andeis, pois, ansiosos pelo dia de amanhã, porque o amanhã cuidará de si mesmo. Basta a cada dia o seu mal.

O julgar (Lc 6:37)

E não julgueis, e não sereis julgados; não condeneis, e não sereis condenados; soltai, e vos soltarão. Dai, e será vos dado; medida boa, comprimida, sacudida e transbordando vos darão em vosso colo; porque com a mesma medida que medirdes vos medirão de volta.

E ele lhes disse uma parábola: Pode, por acaso, o cego guiar outro cego? Não cairão ambos no buraco? O discípulo não está acima de seu mestre; mas qualquer um que for preparado será como seu mestre. E por que tu prestas atenção no cisco que está no olho do teu irmão, e a trave que está em teu próprio olho não enxergas? Ou como podes dizer a teu irmão: Irmão, deixa-me tirar o cisco que está em teu olho?

32

Se tu mesmo não prestas atenção para a trave que está em teu olho? Hipócrita, tira primeiro a trave de teu olho, e então enxergarás para tirar o cisco que está no olho de teu irmão.

⊰⊱ *Pérolas aos porcos* (Mt 7:6)

Não deis o que é santo aos cães, nem lanceis vossas pérolas diante dos porcos, para não acontecer de as pisarem com os pés e, virando-se, vos despedacem.

⊰⊱ *Pedi e dar-se-vos-á* (Mt 7:7)

Pedi, e vos será dado; buscai, e achareis; batei, e vos será aberto; pois qualquer um que pede recebe; e quem busca acha; e ao que bate lhe é aberto.

E quem há dentre vós que, se seu filho pedir pão, lhe dará uma pedra? E se pedir peixe, lhe dará uma serpente? Ora, se vós, ainda que sejais maus, sabeis dar bons presentes a vossos filhos, quanto mais o vosso Pai, que está nos céus, dará coisas boas aos que lhe pedirem!

Portanto tudo o que quiserdes que os outros vos façam, fazei-lhes vós também assim; porque esta é a Lei e os Profetas.

⊰⊱ *As duas portas* (Mt 7:13)

Entrai pela porta estreita; porque larga é a porta, e espaçoso o caminho que leva à perdição; e muitos são os que por ela entram. Porque estreita é a porta, e apertado o caminho que leva à vida; e são poucos os que a acham.

⊰⊱ *Os falsos líderes e os frutos bons e maus* (Mt 7:15)

Tende cuidado, porém, com os falsos profetas, que vêm a vós com manto de ovelhas, mas por dentro são lobos vorazes. Vós os conhecereis pelos seus frutos. Por acaso se colhem uvas dos espinheiros, ou figos dos abrolhos? Assim toda boa árvore dá bons frutos, mas a arvore má dá frutos maus. A boa árvore não pode dar frutos maus, nem a árvore má dar bons frutos. Toda árvore que não dá bom fruto é cortada e lançada ao fogo. Portanto vós os conhecereis pelos seus frutos.

Como entrar nos céus (Mt 7:21)

Não é qualquer um que me diz: "Senhor, Senhor" que entrará no Reino dos céus; mas sim aquele que faz a vontade do meu Pai que está nos céus. Muitos me dirão naquele dia: "Senhor, Senhor! Não profetizamos em teu nome? E em teu nome não expulsamos os demônios? E em teu nome não fizemos muitas maravilhas? Então claramente lhes direi: "Nunca vos conheci. Afastai-vos de mim, transgressores!"

O prudente guarda a palavra (Mt 7:24)

Portanto todo o que ouve estas minhas palavras e as pratica, eu o compararei ao homem prudente, que construiu sua casa sobre a rocha. E a chuva desceu, correntezas vieram, ventos sopraram, e atingiram aquela casa; e ela não caiu, porque estava fundada sobre a rocha. Porém todo o que ouve estas minhas palavras e não as pratica, eu o compararei ao homem tolo, que construiu sua casa sobre a areia. E a chuva desceu, correntezas vieram, ventos sopraram, e atingiram aquela casa; e ela caiu, e sua queda foi grande.

A multidão fica admirada – *Fim do sermão* (Mt 7:28, 8:1)

E aconteceu que, quando Jesus terminou estas palavras, as multidões estavam admiradas de sua doutrina, porque ele os ensinava como tendo autoridade, e não como os escribas. Quando ele desceu do monte, muitas multidões o seguiram.

A cura do servo do centurião (Lc 7:01, Mt 8:10)

E depois de acabar todas as suas palavras aos ouvidos do povo, ele entrou em Cafarnaum. E um certo centurião tinha um servo a quem muito estimava, que estava enfermo, a ponto de morrer.

E ele, ao ouvir sobre Jesus, enviou-lhe os anciãos dos judeus, rogando-lhe que viesse e curasse a seu servo.

E eles, vindo a Jesus, rogaram-lhe com urgência, dizendo: Ele é digno de lhe concederes isto, porque ama a nossa nação, e ele mesmo edificou para nós a sinagoga. E Jesus foi com eles; mas quando já não estava longe da casa, o centurião lhe mandou uns amigos, dizendo-lhe: Senhor, não te incomodes, porque não sou digno que entres abaixo de meu telhado. Por isso que nem mesmo me considerei digno de vir a ti; mas dize uma palavra, e meu servo sarará.

Porque eu também sou homem subordinado à autoridade, e tenho soldados abaixo de mim, e digo a este: Vai, e ele vai; e a outro: Vem, e ele vem; e a meu servo: Faze isto, e ele faz.

Quando Jesus ouviu isto, maravilhou-se, e disse aos que o seguiam: Em verdade vos digo que nem mesmo em Israel encontrei tanta fé. Mas eu vos digo que muitos virão do oriente e do ocidente, e se sentarão à mesa com Abraão, Isaque, e Jacó, no Reino dos céus. Os filhos do reino, porém, serão lançados nas trevas de fora; ali haverá pranto e ranger de dentes. Então Jesus disse ao centurião: Vai, e assim como creste, a ti seja feito. E naquela mesma hora o servo dele foi sarado.

·✳· *Jesus ressuscita o filho da viúva* (Lc 7:11)

E aconteceu no dia seguinte, que Jesus ia a uma cidade chamada Naim, e iam com ele muitos de seus discípulos, e grande multidão. E quando chegou perto da porta da cidade, eis que levavam um defunto, filho único de sua mãe, que era viúva; e havia com ela grande multidão da cidade. E o Senhor, ao vê-la, comoveu-se de íntima compaixão por ela, e disse-lhe: Não chores. E chegando perto, tocou a caixão onde estava o morto; e os que a levavam, pararam, e ele disse: Jovem, a ti eu digo: levanta-te. E o defunto se sentou, e começou a falar; e ele o deu a sua mãe. E temor veio sobre todos, e glorificavam a Deus, dizendo: Grande profeta se levantou entre nós, e Deus visitou o seu povo! E saiu esta fama dele por toda a Judéia, e por toda a terra ao redor.

·✳· *João Batista manda perguntar a Jesus* (Lc 7:18)

E os discípulos de João lhe anunciaram estas coisas. E João, chamando a certos dois de seus discípulos, mandou-os a Jesus, dizendo: És tu aquele que havia de vir, ou esperamos a outro?

E quando aqueles homens vieram a ele, disseram: João, o Batista, nos mandou a ti, dizendo: És tu aquele que havia de vir, ou esperamos a outro? E naquela mesma hora ele curou a muitos de enfermidades, e males, e espíritos maus, e a muitos cegos deu a vista. E Jesus, respondendo, disse-lhes: Ide, e anunciai a João as coisas que tendes visto e ouvido: que os cegos veem, os mancos andam, os leprosos são limpos, os surdos ouvem, os mortos ressuscitam, e aos pobres se anuncia o Evangelho. E bem-aventurado aquele que em mim não se ofender.

⸰⸰ *Jesus exalta João Batista* (Mt 11:7, Lc 7:29)

Depois que eles se foram, Jesus começou a dizer às multidões acerca de João: Que saístes ao deserto para ver? Uma cana que se move pelo vento? Mas que saístes para ver? Um homem vestido com roupas delicadas? Eis que os que usam roupas delicadas estão nas casas dos reis. Mas que saístes para ver? Um profeta? Sim, eu vos digo, e muito mais que um profeta; porque este é aquele sobre o qual está escrito: *"Eis que diante de tua face envio o meu mensageiro, que preparará o teu caminho diante de ti."*

Em verdade vos digo que, dentre os nascidos de mulheres, não se levantou outro maior que João Batista; porém o menor no Reino dos céus é maior que ele. E desde os dias de João Batista até agora, o Reino dos céus é forçado, e os que usam de força o tomam. Porque todos os profetas e a Lei profetizaram até João. E se estais dispostos a aceitar, este é o Elias que havia de vir.

E todo o povo, e os cobradores de impostos, que foram batizados com o batismo de João, ao ouvirem, concordaram que Deus era justo. Mas os fariseus e os estudiosos da Lei rejeitaram o conselho de Deus contra si mesmos, não sendo batizados por ele.

⸰⸰ *Jesus reprova a incredulidade* (Mt 11:15)

Quem tem ouvidos para ouvir, ouça. Mas com quem compararei esta geração? Semelhante é às crianças que se sentam nas praças, e chamam aos seus colegas, E dizem: "Tocamos flauta para vós, mas não dançastes; cantamos lamentações para vós, mas não chorastes." Porque veio João, sem comer nem beber, e dizem: "Ele tem demônio." Veio o Filho do homem, que come e bebe, e dizem: "Eis aqui um homem comilão e beberrão, amigo de cobradores de impostos e pecadores!" Mas a sabedoria prova-se justa por meio de seus filhos.

⸰⸰ *A pecadora unge Jesus* (Lc 7:36)

E um dos fariseus lhe rogou que comesse com ele; e entrando na casa dos fariseus, sentou-se à mesa. E eis que uma mulher, que era pecadora na cidade, sabendo que estava à mesa na casa do fariseu, trouxe um vaso de alabastro de óleo perfumado. E estando de trás de seus pés, chorando, começou a molhar-lhe os pés com lágrimas; e limpava-os com os cabelos de sua cabeça; e beijava-lhe os pés, e ungia-os com o óleo perfumado.

E quando o fariseu que o tinha convidado viu isto, falou com ele, dizendo: Se tu foste profeta, bem saberia quem e qual é a mulher que o toca; porque ela é pecadora. E respondendo Jesus, disse-lhe: Simão, uma coisa tenho que te dizer; E ele disse: Dize-a, Mestre.

Jesus disse: Um certo credor tinha dois devedores: um lhe devia quinhentas moedas de prata, e o outro cinquenta. E eles, não tendo com que pagar, perdoou-lhes a dívida de ambos. Dize, pois, qual destes o amará mais? E respondendo Simão, disse: Para mim tenho que aquele a quem mais perdoou. E ele lhe disse: Corretamente julgaste.

E virando-se para a mulher, disse a Simão: Vês tu esta mulher? Eu entrei em tua casa, e não me desta água para os pés; e esta molhou os meus pés com lágrimas, e os limpou com os cabelos de sua cabeça. Tu não me deste beijo; e esta, desde que entrou, não parou de me beijar os meus pés. Não ungiste a cabeça com óleo, e esta ungiu os meus pés com óleo perfumado.

Portanto eu te digo, os muitos pecados dela são perdoados, porque muito amou; mas ao que pouco se perdoa, pouco ama. **E ele disse a ela: Teus pecados são perdoados.** E os que estavam juntamente sentados à mesa começaram a dizer entre si: Quem é este, que também perdoa pecados? E disse à mulher: Tua fé te salvou; vai em paz.

As mulheres generosas (Lc 8:1)

E aconteceu depois disto, que Jesus andava de cidade em cidade, e de aldeia em aldeia, pregando e anunciando o Evangelho do Reino de Deus; e os doze com ele.

E também algumas mulheres que haviam sido curadas de espíritos malignos, e de enfermidades: Maria, chamada Madalena, da qual saíram sete demônios; e Joana, a mulher de Cuza, mordomo de Herodes; e Susana, e muitas outras, que lhe serviam com seus bens.

Blasfemam contra Jesus (Mt 12:22)

Então lhe trouxeram um endemoninhado cego e mudo; e ele o curou de tal maneira que o cego e mudo passou a falar e a ver. E todas as multidões se admiravam e diziam: Não é este o Filho de Davi? Mas quando os fariseus ouviam isso, diziam: Ele não expulsa os demônios, a não ser por Belzebu, o chefe dos demônios. Porém Jesus, entendendo os pensamentos deles, disse-lhes: Todo reino dividido contra si mesmo é destruído; e toda cidade ou casa dividida contra si mesma não permanecerá.

Ora, se Satanás expulsa a Satanás, contra si mesmo está dividido; como, pois, permanecerá o seu reino? E se eu expulso os demônios por Belzebu, então por quem vossos filhos os expulsam? Portanto, eles mesmos serão vossos juízes. Mas se eu pelo Espírito de Deus expulso os demônios, logo o Reino de Deus já chegou sobre vos. Ou como pode alguém entrar na casa do valente, e saquear seus bens, sem primeiro amarrar ao valente? Depois disso saqueará sua casa. Quem não é comigo é contra mim; e quem não ajunta comigo, espalha.

A blasfêmia contra o Espírito Santo (Mt 12:31)

Por isso eu vos digo: todo pecado e blasfêmia serão perdoados aos homens; mas a blasfêmia contra o Espírito não será perdoada. E qualquer um que falar palavra contra o Filho do homem lhe será perdoado; mas qualquer um que falar contra o Espírito Santo, não lhe será perdoado, nem na era presente, nem na futura. Ou fazei a árvore boa, e seu fruto bom; ou fazei a árvore má, e seu fruto mau; pois pelo fruto se conhece a árvore.

Ninhada de víboras, como podeis vós falar boas coisas, sendo maus? Pois a boca fala do que o coração está cheio. A pessoa boa tira coisas boas do bom tesouro do coração, e a pessoa má tira coisas más do tesouro mau. Eu, porém, vos digo que de toda palavra imprudente que as pessoas falarem, dela prestarão contas no dia do juízo. **Porque por tuas palavras serás justificado, e por tuas palavras serás condenado.**

O sinal de Jonas (Mt 12:38)

Então responderam uns dos escribas e dos fariseus, dizendo: Mestre, queremos ver de ti algum sinal. Mas ele lhes deu a seguinte resposta: Uma geração má e adúltera pede sinal; mas não lhe será dado, exceto o sinal do profeta Jonas.

Porque assim como Jonas esteve três dias e três noites no ventre da baleia, assim também o Filho do homem estará três dias e três noites no coração da terra. Os de Nínive se levantarão no Juízo com esta geração, e a condenarão; porque se arrependeram com a pregação de Jonas.

E eis aqui quem é maior que Jonas. A rainha do Sul se levantará no Juízo com esta geração, e a condenará; porque veio dos confins da terra para ouvir a sabedoria de Salomão. E eis aqui quem é maior que Salomão.

Sobre os espíritos imundos (Mt 12:43, Lc 11:27)

Quando o espírito imundo sai de alguém, anda por lugares secos buscando repouso, e não o acha. Então diz: "Voltarei para minha casa de onde saí".

E quando chega e encontra desocupada, varrida e adornada. Então vai, e toma consigo outros sete espíritos piores que ele; eles entram, e moram ali; e a última condição de tal pessoa se torna pior que a primeira. Assim também acontecerá com esta geração má.

E aconteceu que, dizendo ele estas coisas, uma mulher da multidão, levantando a voz, lhe disse: Bem-aventurado o ventre que te trouxe, e os peitos que mamaste! Mas ele disse: Antes **bem-aventurados os que ouvem a palavra de Deus, e a guardam.**

A família de Jesus (Mt 12:46)

Enquanto ele ainda estava falando às multidões, eis que sua mãe e seus irmãos estavam fora, querendo falar com ele. E alguém lhe disse: Eis que tua mãe e teus irmãos estão fora, querendo falar contigo.

Porém ele disse em resposta ao que o avisou: Quem é minha mãe? E quem são meus irmãos? Então estendeu sua mão sobre seus discípulos, e disse: Eis aqui minha mãe e meus irmãos; pois qualquer um que fizer a vontade do meu Pai, que está nos céus, esse é meu irmão, e irmã, e mãe.

A candeia do corpo (Lc 11:33)

E ninguém, acendendo a lâmpada, a põe em lugar oculto, nem debaixo da caixa, mas na luminária, para que os que entrarem vejam a luz. A lâmpada do corpo é o olho. Sendo, pois, teu olho bom, também todo teu corpo será luminoso; porém se for mau, também todo teu corpo será tenebroso. Olha, pois, que a luz que em ti há não sejam trevas.

Então sendo teu corpo todo luminoso, não tendo parte alguma escura, ele todo será iluminado, como quando a lâmpada com seu brilho te ilumina. E estando ele ainda falando, um fariseu lhe rogou que viesse para jantar com ele; e entrando, sentou-se à mesa;

E vendo-o o fariseu, maravilhou-se de que não tinha se lavado antes de jantar. E o Senhor lhe disse: Agora vós, os fariseus, limpais o exterior do copo e do prato; porém vosso interior está cheio de roubo e maldade. Loucos, o que fez o exterior não fez também o interior? Porém daí de esmola o que tendes; e eis que tudo vos será limpo.

Mais ai de vós, fariseus, que dizimais a hortelã, e a arruda, e toda hortaliça; e pelo juízo e amor de Deus passais longes. Estas coisas eram necessárias fazer, e não deixar as outras. Ai de vós, fariseus, que amais os primeiros assentos nas sinagogas, e as saudações nas praças. Ai de vós, escribas e fariseus, hipócritas, que sois como as sepulturas disfarçadas, e as pessoas que andam sobre elas não sabem.

E respondendo um dos estudiosos da Lei, disse-lhe: Mestre, quando dizes isto também afrontas a nós. Porém ele disse: Ai de vós também, estudiosos da Lei, que carregais as pessoas com cargas pesadas para levar, e vós mesmos nem ainda com um de vossos dedos tais cargas tocais. Ais de vós, que construís os sepulcros dos profetas, e vossos pais os mataram.

Bem testemunhais pois, que também consentis nas obras de vossos pais; porque eles os mataram, e vós edificais seus sepulcros. Portanto também diz a sabedoria de Deus: Profetas e apóstolos lhes mandarei; e deles a uns matarão, e a outros lançarão fora; Para que desta geração seja requerido o sangue de todos os profetas, que foi derramado desde a fundação do mundo; Desde o sangue de Abel, até o sangue de Zacarias, que foi morto entre o altar e a casa de Deus; assim vos digo, será requerido desta geração.

Ai de vós, estudiosos da Lei, que tomastes a chave do conhecimento; vós mesmos não entrastes, e impedistes aos que estavam entrando. E dizendo-lhes estas coisas, os escribas e os fariseus começaram a apertá-lo fortemente, e tentar lhe fazer falar de muitas coisas, armando-lhe ciladas, e procurando achar alguma coisa de sua boca, para o poderem acusar.

ᜣ A hipocrisia e segredos encobertos *(Lc 12:1)*

Juntando-se, entretanto, muitos milhares da multidão, tanto que se atropelavam uns aos outros, começou a dizer primeiramente a seus discípulos: Guardai-vos do fermento dos fariseus, que é hipocrisia. E nada há encoberto que não haja de ser descoberto; nem oculto que não haja de ser sabido. Portanto tudo o que dissestes nas trevas, será ouvido na luz; e o que falastes ao ouvido nos quartos, será pregado sobre os telhados.

ᜣ *Temer somente a Deus* *(Lc 12:4)*

E digo-vos, amigos meus, não temais aos que matam o corpo, e depois não têm mais o que possam fazer. Mas eu vos mostrarei a quem deveis temer; temei a aquele, que depois de matar, também tem poder para lançar no inferno; sim, a este temei. Não se vendem cinco passarinhos por duas pequenas moedas? E nem um deles está esquecido diante de Deus. E até os cabelos de vossa cabeça estão todos contados; não temais, pois; mais valeis vós que muitos passarinhos. **E vos digo que todo aquele que me confessar diante dos homens, também o Filho do homem o confessará diante dos anjos de Deus. Mas quem me negar diante dos homens será negado diante dos anjos de Deus.** E a todo aquele que disser alguma palavra contra o Filho do homem, lhe será perdoado, mas ao que blasfemar contra o Espírito Santo, não lhe será perdoado. E quando vos trouxerem às sinagogas, aos magistrados e autoridades, não estejais ansiosos, como, ou que, em vossa defesa deveis dizer, ou que deveis falar. Porque na mesma hora o Espírito Santo vos ensinará o que deveis falar.

ᜣ *A parábola do rico insensato* *(Lc 12:13)*

E um da multidão lhe disse: Mestre, dize a meu irmão que reparta a herança comigo. Mas ele lhe disse: Homem, quem me pôs por juiz, ou repartidor sobre vós? E disse-lhes: Olhai, e tomai cuidado com a ganância; porque a vida de alguém não consiste na abundância dos bens que possui. E propôs-lhes uma parábola, dizendo: A terra de um homem rico tinha frutificado bem. E ele questionava a si mesmo, dizendo: Que farei? Porque não tenho onde juntar meus frutos. E disse: Farei isto: derrubarei meus celeiros, e construirei maiores, e ali juntarei toda esta minha colheita, e estes meus bens. E direi à minha alma: Alma, muitos bens tens guardados, para muitos anos; descansa, come, bebe, alegra-te!

Porém Deus lhe disse: Louco, esta noite te pedirão tua alma; e o que tens preparado, de quem será? Assim é o que junta tesouros para si, mas não é rico em Deus. E disse a seus discípulos: Portanto vos digo, não estejais ansiosos por vossa vida, que comereis; nem pelo corpo, que vestireis.

Mais é a vida que o alimento, e mais o corpo que o vestido. Considerai os corvos, que nem semeiam, nem ceifam; nem tem armazém, nem celeiro; e Deus os alimenta.

E quem de vós pode, com sua ansiedade, acrescentar um côvado à sua altura? Pois, se não podeis nem mesmo com algo pequeno, por que estais ansiosos com o resto? Considerai os lírios, como crescem; não trabalham, nem fiam; e digo-vos, que nem mesmo Salomão, em toda sua glória, chegou a se vestir como um deles.

E se assim Deus veste a erva, que hoje está no campo, e amanhã é lançada no forno, quanto mais vestirá a vós, homens de pouca fé? Vós, pois, não pergunteis que comereis, ou que bebereis; e não andeis preocupados. Porque todas estas coisas, os gentios do mundo as buscam; mas vosso Pai sabe que necessitais destas coisas.

Mas buscai o Reino de Deus, e todas estas coisas vos serão acrescentadas. Não temas, ó pequeno rebanho; porque vosso Pai se agradou de dar a vós o Reino. Vendei o que tendes, e daí esmola. Fazei para vós bolsas que não se envelheçam; tesouro nos céus que nunca se deprecia; aonde ladrão não chega, nem a traça destrói. Porque onde estiver vosso tesouro, ali estará também vosso coração.

A parábola do servo vigilante (Lc 12:35)

Estejam devidamente vestidos vossos corpos, e acesas as lâmpadas. E sede vós semelhantes às pessoas que esperam a seu senhor quando voltar do casamento; para que quando ele vier, e bater, logo possam lhe abrir.

Bem-aventurados aqueles servos, os quais, quando o Senhor vier, os achar vigiando; em verdade vos digo que ele se vestirá, e os fará se sentarem à mesa, e chegando-se, os servirá.

E ainda que venha à segunda vigília; e que venha a terceira vigília, e assim os achar, bem-aventurados são tais servos. Isto, porém, sabei: que se o chefe da casa soubesse à que hora o ladrão viria, ele vigiaria, e não deixaria sua casa sofrer danos.

Vós, pois, também estejais prontos; **porque o Filho do homem virá à hora que não imaginais.**

⚜ *O mordomo fiel* (Lc 12:41)

E Pedro lhe disse: Senhor, dizes tu esta parábola para nós, ou também para todos? E o Senhor disse: Qual é, pois, o mordomo fiel e prudente, a quem seu senhor puser sobre seus servos, para que lhes dê alimento no tempo certo? Bem-aventurado aquele servo ao qual, quando seu senhor vier, o achar fazendo assim. Em verdade vos digo, que o porá sobre todos os seus bens. Mas se aquele servo disser em seu coração: Meu senhor, está demorando para vir; e começar a espancar aos servos e servas, e a comer, e a beber, e a se embebedar, virá o senhor daquele servo, no dia em que ele não espera, e na hora que ele não sabe; e será partido em dois, e porá sua porção com os incrédulos. E o servo que sabia a vontade de seu senhor, e não se preparou, nem fez conforme a sua vontade, será muito espancado. Mas o que não sabia, e fez coisas dignas de castigo, será pouco espancado. E a qualquer que muito for dado, muito se lhe pedirá, e ao que muito se confiou muito mais lhe será exigido.

⚜ *Jesus traz fogo e dissensão* (Lc 12:49)

Eu vim para lançar fogo na terra; e bem queria que já estivesse a queimar? Porém há um batismo que tenho que ser batizado; e como me angustio até que se venha a cumprir! Vós pensais que vim para dar paz à terra? Não, eu vos digo; mas antes vim para trazer divisão.

Porque daqui em diante cinco estarão divididos em uma casa; três contra dois, e dois contra três. O pai estará dividido contra o filho, e o filho contra o pai; a mãe contra a filha, e a filha contra a mãe; a sogra contra sua nora, e a nora contra sua sogra.

⚜ *Os sinais dos tempos* (Lc 12:54)

E ele dizia também para as multidões: Quando vedes a nuvem que vem do ocidente, logo dizeis: Lá vem chuva; E assim acontece. E quando venta do Sul, dizeis: Haverá calor; E assim acontece. Hipócritas! Sabeis entender a aparência da terra e do céu; e como não entendeis este tempo? E por que também não julgais por vós mesmos o que é justo? Pois quando fores com teu adversário à autoridade, procura te livrares dele no caminho, para que ele não venha a te levar ao juiz, e o juiz te entregue ao oficial de justiça, e o oficial de justiça te lance na prisão. Eu te digo que não sairás dali enquanto não pagares até a última moeda.

⋆⋆ *A necessidade do arrependimento* (Lc 13:1)

E naquele mesmo tempo estavam ali presentes alguns, que lhe contavam dos galileus cujo sangue Pilatos tinha misturado com seus sacrifícios. E respondendo Jesus, disse-lhes: Vós pensais que estes galileus foram mais pecadores, por terem sofrido estas coisas? Não, eu vos digo; antes, **se vós não vos arrependerdes, todos de modo semelhante perecereis.** Ou aqueles dezoito, sobre os quais a torre em Siloé caiu, matando-os; pensais que eram mais culpados dos que todas as pessoas que moravam em Jerusalém? Não, eu vos digo; antes, se vós não vos arrependerdes, todos de modo semelhante perecereis.

⋆⋆ *A parábola da figueira estéril* (Lc 13:6)

E dizia esta parábola: Um certo homem tinha uma figueira plantada em sua vinha, e veio até ela para buscar fruto, e não achou. E disse ao que cuidava da vinha: Eis que há três anos, que venho para buscar fruto nesta figueira, e não o acho; corta-a; por que ainda ocupa inutilmente a terra? E respondendo ele, disse-lhe: Senhor, deixa-a ainda este ano, até que eu a escave ao redor, e a adube; E se der fruto, deixa-a ficar; se não, tu a cortarás depois.

⋆⋆ *A cura da mulher com espírito de enfermidade* (Lc 13:10)

E ensinava em uma das sinagogas num sábado. E eis que estava ali uma mulher, que havia dezoito anos que tinha um espírito de enfermidade; e andava encurvada, e de maneira nenhuma ela podia se endireitar. E Jesus vendo-a, chamou-a para si, e disse-lhe: Mulher, livre estás de tua enfermidade. E pôs as mãos sobre ela, e logo ela se endireitou, e glorificava a Deus.

E o chefe da sinagoga, irritado por Jesus ter curado no sábado, respondendo, disse à multidão: Há seis dias em que se deve trabalhar; nestes dias, pois, vinde para ser curados, e não no dia de sábado.

Porém o Senhor lhe respondeu, e disse: Hipócrita, no sábado cada um de vós não desata seu boi ou jumento da manjedoura, e o leva para dar de beber? E não convinha soltar desta ligadura no dia de sábado a esta mulher, que é filha de Abraão, a qual, eis que Satanás já a havia ligado há dezoito anos?

E ele, dizendo estas coisas, todos seus adversários ficaram envergonhados; e todo o povo se alegrava de todas as coisas gloriosas que eram feitas por ele.

A parábola do semeador (Mt 13:1)

Naquele dia, Jesus saiu de casa e se sentou junto ao mar. E ajuntaram-se perto dele tantas multidões, de maneira que ele entrou num barco e se sentou; e toda a multidão ficou na praia. E ele lhes falou muitas coisas por parábolas.

Ele disse: Eis que o semeador saiu a semear. E enquanto semeava, caiu parte das sementes junto ao caminho, e vieram as aves e a comeram. E outra parte caiu entre pedras, onde não havia muita terra, e logo nasceu, porque não tinha terra funda.

Mas quando o sol surgiu, queimou-se; e por não ter raiz, secou-se. E outra parte caiu entre espinhos, e os espinhos cresceram e a sufocaram. E outra parte caiu em boa terra, e rendeu fruto: um a cem, outro a sessenta, e outro a trinta. Quem tem ouvidos para ouvir, ouça.

O propósito das parábolas (Mt 13:10)

Então os discípulos se aproximaram, e lhe perguntaram: Por que falas a eles por parábolas? E ele lhes respondeu: Porque a vós é dado saber os mistérios do Reino dos céus, mas a eles não é dado. Pois a quem tem, lhe será dado, e terá em abundância; mas a quem não tem, até aquilo que tem lhe será tirado. Por isso falo a eles por parábolas; porque vendo, não veem; e ouvindo, não ouvem, nem entendem.

Assim neles se cumpre a profecia de Isaías, que diz: *"De fato ouvireis, mas não entendereis; de fato vereis, mas não enxergareis. Porque o coração deste povo está insensível; com seus ouvidos dificilmente ouvem, e seus olhos fecharam; A fim de não haver que seus olhos vejam, seus ouvidos ouçam, seus corações entendam, e se arrependam, E eu os cure."*

Mas benditos são os vossos olhos, porque veem; e os vossos ouvidos, porque ouvem. Pois em verdade vos digo que muitos profetas e justos desejaram ver o que vós vedes, mas não viram; e desejaram ouvir o que vós ouvis, mas não ouviram. Portanto, ouvi vós a parábola do semeador: Quando alguém ouve a palavra do Reino e não a entende, o maligno vem e arranca o que foi semeado em seu coração; este é o que foi semeado junto ao caminho.

E o que foi semeado entre as pedras é o que ouve a palavra, e logo a recebe com alegria, mas não tem raiz em si mesmo. Em vez disso, dura um pouco, mas quando vem a aflição ou a perseguição pela palavra, logo se tornam infiéis. E o que foi semeado entre os espinhos é o que ouve a palavra, mas a ansiedade com o tempo presente e a sedução das riquezas sufocam a palavra, e fica sem dar fruto. Mas o que foi semeado em boa terra, este é o que ouve e entende a palavra, e o que dá e produz fruto, um a cem, outro a sessenta, e outro a trinta.

A parábola do joio e do trigo (Mt 13:24)

E ele lhes declarou outra parábola, dizendo: O Reino dos céus é semelhante a um homem que semeia boa semente em seu campo, mas, enquanto as pessoas dormiam, o inimigo dele veio, semeou joio entre o trigo, e foi embora.

E quando a erva cresceu e produziu fruto, então apareceu também o joio. Então os servos do dono da propriedade chegaram, e lhe perguntaram: "Senhor, não semeaste boa semente no teu campo? De onde, pois, veio o joio?" E ele lhes respondeu: "Um inimigo fez isto".

Em seguida, os servos lhe perguntaram: "Queres, pois, que vamos e o tiremos?" Ele, porém, lhes respondeu: "Não, para não haver que, enquanto tirais o joio, arranqueis com ele também o trigo.

Deixai-os crescer ambos juntos até a colheita; e no tempo da colheita direi aos que colhem: 'Recolhei primeiro o joio, e amarrai-o em molhos, para o queimarem; mas ao trigo ajuntai no meu celeiro'.

A explicação da parábola do joio (Mt 13:36)

Então Jesus despediu as multidões, e foi para casa. Seus discípulos se aproximaram dele, e disseram: Explica-nos a parábola do joio do campo. E ele lhes respondeu: O que semeia a boa semente é o Filho do homem.

E o campo é o mundo; e a boa semente, estes são os filhos do Reino; e o joio são os filhos do maligno. E o inimigo, que o semeou, é o diabo; e a colheita é o fim da era; e os que colhem são os anjos. Portanto, como o joio é colhido e queimado no fogo, assim também será no fim desta era.

O Filho do homem enviará seus anjos, e eles recolherão do seu Reino todas as causas do pecado, assim como os que praticam injustiça, e os lançarão na fornalha de fogo. Ali haverá choro e ranger de dentes.

Então os justos brilharão como o sol, no Reino de seu Pai. Quem tem ouvidos para ouvir, ouça.

A parábola da lâmpada (Mc 4:21)

E ele lhes disse: Por acaso a lâmpada vem a ser posta debaixo de uma caixa ou sob a cama? Não deve ela ser posta na luminária? Pois não há nada encoberto que não haja de ser revelado; e nada se faz para ficar encoberto, mas sim, para ser vir à luz.

Se alguém tem ouvidos para ouvir, ouça. E disse-lhes: **Prestai atenção ao que ouvis: com a mesma medida que tiverdes medido, vos medirão também,** e será acrescentado a vós que ouvis. Pois ao que tem, lhe será dado; e ao que não tem, até o que tem lhe será tirado.

A parábola da semente (Mc 4:26)

E dizia: Assim é o Reino de Deus, como se um homem lançasse semente na terra; e dormisse, e se levantasse, de noite e de dia, e a semente brotasse, e crescesse, sem que ele saiba como.

Pois a terra de si mesma frutifica, primeiro a erva, depois a espiga, depois o grão cheio na espiga. E quando o fruto se mostra pronto, logo mete a foice, pois a colheita chegou.

A parábola do grão de mostarda (Mc 4:30)

E dizia: A que assemelharemos o Reino de Deus? Ou com que parábola o compararemos? Com um grão da mostarda que, quando semeado na terra, é a menor de todas as sementes na terra.

Mas, depois de semeado, cresce, e se torna a maior de todas as hortaliças, e cria grandes ramos, de maneira que os pássaros do céu podem fazer ninhos sob a sua sombra. E com muitas parábolas como essas Jesus lhes falava a palavra, conforme o que podiam ouvir.

A parábola do fermento (Mt 13:33)

Ele lhes disse outra parábola: O Reino dos céus é semelhante ao fermento que uma mulher tomou e misturou em três medidas de farinha, até que tudo ficasse fermentado.

O tesouro escondido (Mt 13:44)

O Reino dos céus também é semelhante a um tesouro escondido num campo, que um homem, depois de achá-lo, escondeu. Então, em sua alegria, vai, vende tudo quanto tem, e compra aquele campo.

◦ *O valor do Reino* (Mt 13:45)

O Reino dos céus também é semelhante é a um homem negociante, que buscava boas pérolas. Quando este achou uma pérola de grande valor, foi, vendeu tudo quanto tinha, e a comprou.

◦ *A parábola da rede* (Mt 13:47)

O Reino dos céus também é semelhante a uma rede lançada ao mar, que colhe toda espécie de peixes. E quando está cheia, os pescadores puxam-na à praia, sentam-se, e recolhem os bons em cestos, mas os ruins lançam fora.

Assim será ao fim da era; os anjos sairão, e separarão dentre os justos os maus, e os lançarão na fornalha de fogo. Ali haverá choro e ranger de dentes.

E Jesus lhes perguntou: Entendestes todas estas coisas? Eles lhe responderam: Sim, Senhor. E ele lhes disse: Portanto todo escriba que se tornou discípulo no Reino dos céus é semelhante a um chefe de casa, que do seu tesouro tira coisas novas e velhas.

◦ *As parábolas e a profecia* (Mt 13:34)

Tudo isto Jesus falou por parábolas às multidões. Sem parábolas ele não lhes falava, para que se cumprisse o que foi falado pelo profeta, que disse: *"Abrirei a minha boca em parábolas; pronunciarei coisas escondidas desde a fundação do mundo."*

◦ *O sacrifício de seguir o Cristo* (Mt 8:18, Lc 9:61)

E Jesus, ao ver muitas multidões ao redor de si, mandou que passassem para a outra margem. Então um escriba se aproximou, e disse-lhe: Mestre, eu te seguirei aonde quer que vá e Jesus lhe respondeu: As raposas têm covis, e as aves do céu ninhos; mas o Filho do homem não tem onde recostar a cabeça.

E outro dos seus discípulos lhe disse: Senhor, permite-me ir primeiro enterrar meu pai. Porém Jesus lhe disse: Segue-me, e deixa aos mortos enterrarem seus mortos. E outro também disse: Senhor, eu te seguirei; mas deixa-me antes despedir dos que estão em minha casa. E Jesus lhe disse: Ninguém que colocar sua mão no arado, e olhar para trás, é apto para o Reino de Deus.

Jesus acalma a tempestade (Mc 4:35)

Naquele dia, chegando ao entardecer, disse-lhes: Passemos para o outro lado. Então despediram a multidão, e o levaram consigo assim como estava no barco; mas havia também outros barquinhos com ele. E levantou-se uma grande tempestade de vento; as ondas atingiam por cima do barco, de maneira que já se enchia. E Jesus estava na popa dormindo sobre uma almofada. Então despertaram-no, e disseram-lhe: Mestre, não te importas que pereçamos? Então ele se levantou, repreendeu o vento, e disse ao mar: Cala-te, aquieta-te! E o vento se aquietou, e fez-se grande bonança. **E perguntou-lhes: Por que sois tão covardes? Como não tendes fé?** E ficaram muito atemorizados, e diziam uns aos outros: Quem é este, que até o vento e o mar lhe obedecem?

O endemoniado gadareno (Lc 8:26, Mc 5:3)

E navegaram para a terra dos Gadarenos, que é vizinha à Galileia. E saindo ele à terra, veio da cidade ao seu encontro um homem, que já de muito tempo atrás tinha demônios, e não andava vestido, e não parava em casa nenhuma, mas ficava entre as sepulturas e nem mesmo com correntes conseguiam prendê-lo; pois muitas vezes fora preso com grilhões e correntes; mas as correntes eram por ele feitas em pedaços, os grilhões eram esmigalhados, e ninguém o conseguia controlar.

E sempre dia e noite andava gritando pelos montes e pelas sepulturas, e ferindo-se com pedras. Quando ele viu Jesus de longe, correu e prostrou-se diante dele. E gritou em alta voz: Que tenho eu contigo Jesus, Filho do Deus Altíssimo? Imploro-te por Deus que não me atormentes. Pois Jesus havia lhe dito: "Sai deste homem, espírito imundo". Então perguntou-lhe: Qual é o teu nome? E respondeu: Legião é o meu nome, porque somos muitos. E rogava-lhe muito que não os expulsasse daquela terra.

Havia ali perto dos montes uma grande manada de porcos pastando. E todos aqueles demônios rogaram-lhe, dizendo: Manda-nos para aqueles porcos, para que entremos neles. Imediatamente Jesus lhes permitiu. Então aqueles espíritos imundos saíram para entrar nos porcos; e a manada lançou-se abaixo no mar; eram quase dois mil e afogaram-se no mar. Os que apascentavam os porcos fugiram, e avisaram na cidade e nos campos; e pessoas foram ver o que havia acontecido.

Então aproximaram-se de Jesus, e viram o endemoninhado sentado, vestido, e em sã consciência o que tivera a legião; e ficaram apavorados. E os que haviam visto contaram-lhes o que acontecera ao endemoninhado, e sobre os porcos. Então começaram a rogar-lhe que saísse do território deles. Quando Jesus entrava no barco, o que fora endemoninhado rogou-lhe que estivesse com ele. Jesus se recusou, porém lhe disse: Vai para a tua casa, aos teus, e anuncia-lhes quão grandes coisas o Senhor fez contigo, e como teve misericórdia de ti. Então ele foi embora, e começou a anunciar em Decápolis quão grandes coisas Jesus havia feito com ele; e todos se admiravam.

Jairo e a mulher do fluxo de sangue (Mc 5:21)

Depois de Jesus passar outra vez num barco para o outro lado, uma grande multidão se ajuntou a ele; e ele ficou junto ao mar. E eis que veio um dos líderes de sinagoga, por nome Jairo; e quando o viu, prostrou-se aos seus pés. E implorava-lhe muito, dizendo: Minha filhinha está a ponto de morrer. Rogo-te que venhas pôr as mãos sobre ela, para que seja curada, e viva. Então Jesus foi com ele. Uma grande multidão o seguia, e o apertavam. E havia uma certa mulher, que tinha um fluxo de sangue havia doze anos, que tinha sofrido muito por meio de muitos médicos, e gastado tudo quanto possuía, e nada havia lhe dado bom resultado; ao invés disso, piorava. Quando ela ouviu falar de Jesus, veio entre a multidão por detrás, e tocou a roupa dele. Pois dizia: **Se tão somente tocar as suas roupas, serei curada.** E imediatamente o seu sangramento parou; e sentiu no corpo que já havia sido curada daquele flagelo. Jesus logo notou em si o poder que dele havia saído.

Então se virou na multidão, e perguntou: Quem tocou as minhas roupas? E seus discípulos lhe disseram: Eis que a multidão te aperta, e perguntas: Quem me tocou? E ele olhava em redor, para ver quem havia lhe feito isso. Então a mulher temendo, e tremendo, sabendo o que havia sido feito em si, veio, prostrou-se diante dele, e disse-lhe toda a verdade. E ele lhe disse: Filha, a tua fé te salvou. Vai em paz, e estejas curada deste teu flagelo. Estando ele ainda falando, alguns vieram da casa do líder de sinagoga, e disseram: A tua filha já morreu; por que ainda estás incomodando o Mestre? Mas Jesus, assim que ouviu essa palavra que havia sido falada, disse ao líder de sinagoga: **Não temas; crê somente.**

E não permitiu que ninguém o seguisse, a não ser Pedro, Tiago, e João irmão de Tiago. Ele chegou à casa do líder de sinagoga, e viu o alvoroço, os que choravam muito e pranteavam. E ao entrar, disse-lhes: Por que fazeis alvoroço e chorais? A menina não morreu, mas está dormindo. E riram dele. Porém ele, depois de pôr todos fora, tomou consigo o pai e a mãe da menina, e os que estavam com ele. Em seguida, entrou onde a menina estava deitada. Ele pegou a mão da menina, e lhe disse: "Talita cumi", (que significa: "Menina, eu te digo, levanta-te"). E logo a menina se levantou e andou, pois já tinha doze anos de idade. E ficaram grandemente espantados. E mandou-lhes muito que ninguém o soubesse; e mandou que dessem a ela de comer.

⁓✢⁓ *Jesus cura dois cegos* (Mt 9:27)

E saindo Jesus dali dois cegos o seguiram, gritando: Tem compaixão de nós, Filho de Davi! E quando ele entrou em casa, os cegos vieram a ele. Jesus lhes perguntou: Credes que posso fazer isto? Eles lhe responderam: Sim, Senhor.

Então tocou os olhos deles, dizendo: Seja feito convosco conforme a vossa fé. E os olhos deles se abriram. Então Jesus os advertiu severamente, dizendo: Tende o cuidado de que ninguém saiba disso. Porém eles saíram e divulgaram a notícia acerca dele por toda aquela terra.

⁓✢⁓ *Jesus sara um mudo* (Mt 9:32)

Enquanto eles saíam, eis que lhe trouxeram um homem mudo e endemoninhado. Quando o demônio foi expulso, o mudo passou a falar. Então as multidões ficaram maravilhadas, e disseram: Nunca se viu algo assim em Israel! Mas os fariseus diziam: É pelo chefe dos demônios que ele expulsa os demônios.

⁓✢⁓ *A honra do profeta* (Mt 13:53, Mc 6:5)

E aconteceu que, quando Jesus acabou essas parábolas, retirou-se dali. E vindo à sua terra, ensinava-os na sinagoga deles, de tal maneira que ficavam admirados, e diziam: De onde vêm a este, tal sabedoria, e os milagres? Não é este o filho do carpinteiro? E não se chama sua mãe Maria, e seus irmãos Tiago, José, Simão e Judas? Não estão todas as suas irmãs conosco? Ora, de onde vem a este tudo isto? E se ofenderam por causa dele.

Mas Jesus lhes disse: Não há profeta sem honra, a não ser em sua terra, e em sua casa. Ele não pôde ali fazer milagre algum, a não ser somente, pondo as mãos sobre uns poucos enfermos, os curou. E ficou admirado da incredulidade deles. Ele percorreu as aldeias do redor, ensinando.

A seara e os ceifeiros (Mt 9:35)

Jesus percorria todas as cidades e aldeias, ensinando em suas sinagogas, pregando o Evangelho do Reino, e curando toda enfermidade e toda doença entre o povo. Quando ele viu as multidões, teve compaixão delas, porque andavam cansadas e desamparadas, como ovelhas que não têm pastor. Então disse aos seus discípulos: **Em verdade a colheita é grande, porém os trabalhadores são poucos.** Portanto rogai ao Senhor da colheita que envie trabalhadores à sua colheita.

Jesus reúne os doze (Mt 10:1)

Jesus chamou a si os seus doze discípulos, e deu-lhes poder sobre os espíritos imundos, para os expulsarem, e curarem toda enfermidade e toda doença. E os nomes dos doze apóstolos são estes: primeiro, Simão, chamado Pedro, e André, seu irmão; Tiago, filho de Zebedeu, e João, seu irmão; Felipe e Bartolomeu; Tomé e Mateus, o publicano; Tiago, filho de Alfeu, e Tadeu; Simão Cananeu, e Judas Iscariotes, aquele que o traiu.

Os doze são enviados (Mt 10:5)

Jesus enviou estes doze, e lhes mandou, dizendo: Não ireis pelo caminho dos gentios, nem entrareis em cidade de samaritanos. Em vez disso, ide às ovelhas perdidas da casa de Israel. E quando fordes, proclamai, dizendo: **"Perto está o Reino dos céus".** Curai os doentes, limpai os leprosos, ressuscitai os mortos, expulsai os demônios; recebestes de graça, dai de graça. Não possuais ouro, nem prata, nem cobre em vossos cintos; nem bolsas para o caminho, nem duas túnicas, nem sandálias, nem bordão extra; pois o trabalhador é digno de seu alimento. E em qualquer cidade ou aldeia que entrardes, informai-vos de quem nela seja digno, e ficai ali até que saiais. E quando entrardes na casa, saudai-a. Se a casa for digna, venha sobre ela a vossa paz; mas se ela não for digna, volte para vós a vossa paz.

E quem quer que não vos receber, nem ouvir vossas palavras, quando sairdes daquela casa ou cidade, sacudi o pó de vossos pés. Em verdade vos digo que no dia do julgamento mais tolerável será para a região de Sodoma e Gomorra do que para aquela cidade.

·❖· *Jesus instrui os 12 discípulos* *(Mt 10:16)*

Eis que eu vos envio como ovelhas em meio de lobos; portanto, sedes prudentes como as serpentes e inofensivos como pombas. Porém tende cuidado com as pessoas; porque vos entregarão em tribunais, e vos açoitarão em suas sinagogas; E até perante governadores e reis sereis levados por causa de mim, para que haja testemunho a eles e aos gentios.

Mas quando vos entregarem, não estejais ansiosos de como ou que falareis; porque naquela mesma hora vos será dado o que deveis falar. Porque não sois vós os que falais, mas sim o Espírito do vosso Pai que fala em vós. E irmão entregará irmão à morte, e pai ao filho; e filhos se levantarão contra os pais, e os matarão. E sereis odiados por todos por causa de meu nome; mas aquele que perseverar até o fim, esse será salvo.

Quando, então, vos perseguirem nesta cidade, fugi para outra; porque em verdade vos digo que não acabareis de percorrer as cidades de Israel, até que venha o Filho do homem. O discípulo não é superior ao mestre, nem o servo superior ao seu senhor. Seja suficiente ao discípulo ser como o seu mestre, e ao servo como o seu senhor; se ao chefe da casa chamaram de Belzebu, quanto mais aos membros de sua casa? Portanto, não os temais; porque nada há encoberto que não se revelará, nada oculto que não se saberá.

O que eu vos digo em trevas, dizei na luz; e o que ouvis ao ouvido, proclamai sobre os telhados. E não temais os que matam o corpo, mas não podem matar a alma; temei mais aquele que pode destruir tanto a alma como o corpo no inferno. Não se vendem dois pardais por uma pequena moeda? Mas nem um deles cairá em terra contra a vontade de vosso Pai.

E até os cabelos de vossas cabeças estão todos contados. Assim, não tenhais medo; mais valeis vós que muitos pardais. Portanto, todo aquele que me der reconhecimento diante das pessoas, também eu o reconhecerei diante de meu Pai, que está nos céus. Porém qualquer um que me negar diante das pessoas, também eu o negarei diante de meu Pai, que está nos céus.

Conflito e sacrifício (Mt 10:34)

Não penseis que vim trazer paz à terra. Não vim trazer paz, mas sim espada. Porque eu vim pôr em discórdia "o homem contra seu pai, a filha contra sua mãe, e a nora contra sua sogra. E os inimigos do homem serão os de sua própria casa".

Quem ama pai ou mãe mais que a mim não é digno de mim; e quem ama filho ou filha mais que a mim não é digno de mim; **E quem não toma sua cruz e segue após mim não é digno de mim. Quem achar sua vida a perderá; e quem, por causa de mim, perder sua vida, a achará.**

A recompensa de um profeta (Mt 10:40, Mt 11:01)

Quem vos recebe, recebe a mim; e quem me recebe, recebe aquele que me enviou. Quem recebe um profeta por reconhecê-lo como profeta receberá recompensa de profeta; e quem recebe um justo por reconhecê-lo como justo receberá recompensa de justo.

E qualquer um que der ainda que somente um copo de água fria a um destes pequenos por reconhecê-lo como discípulo, em verdade vos digo que de maneira nenhuma perderá sua recompensa. Quando Jesus acabou de dar as ordens aos seus doze discípulos, partiu dali para ensinar e para pregar em suas cidades.

A morte de João Batista (Mc 6:17)

Pois o próprio Herodes havia mandado prender João, e acorrentá-lo na prisão, por causa de Herodias, mulher do seu irmão Filipe, porque havia se casado com ela. Pois João dizia a Herodes: Não te é lícito possuir a mulher do teu irmão. Assim Herodias o odiava, e queria matá-lo, mas não podia, pois Herodes temia João, sabendo que era um homem justo e santo, e o estimava.

E quando o ouvia, fazia muitas coisas, o ouvia de boa vontade. Mas veio um dia oportuno, em que Herodes, no dia do seu aniversário, dava uma ceia aos grandes de sua corte, aos comandantes militares, e aos principais da Galiléia. Então a filha dessa Herodias entrou dançando, e agradou a Herodes e aos que estavam sentados com ele. O rei disse à garota: Pede-me quanto quiseres, que eu darei a ti.

E jurou a ela: Tudo o que me pedirdes te darei, até a metade do meu reino. Então ela saiu, e perguntou à sua mãe: Que pedirei? E ela respondeu: A cabeça de João Batista. E entrando ela logo apressadamente ao rei, pediu, dizendo: Quero que imediatamente me dês num prato a cabeça de João Batista. E o rei entristeceu-se muito; mas, por causa dos juramentos, e dos que estavam juntamente à mesa, não quis recusar a ela. Então logo o rei enviou o executor com a ordem de trazer ali sua cabeça. Ele, foi, e o decapitou na prisão. Em seguida, trouxe a sua cabeça num prato, e o deu à garota; e a garota a deu à sua mãe. Quando os discípulos dele ouviram isso, vieram, pegaram o seu cadáver, e o puseram num sepulcro.

O temor de Herodes *(Mc 6:14)*

O rei Herodes ouviu falar disso porque o nome de Jesus já era notório. E dizia: João Batista ressuscitou dos mortos, e por isso estas maravilhas operam nele. Outros diziam: É Elias; e outros diziam: É profeta, ou como algum dos profetas. Quando, porém, Herodes ouvindo isso, falou: Ele é João, de quem cortei a cabeça. Ele ressuscitou dos mortos.

O terceiro ano do ministério de Jesus

Os discípulos retornam a Jerusalém *(Mc 6:30)*

Os apóstolos juntaram-se de volta a Jesus, e contaram-lhe tudo, tanto o que haviam feito, como o que haviam ensinado. E ele lhes disse: Vinde vós à parte a um lugar deserto, e descansai um pouco; pois havia muito que iam e vinham, e não tinham tempo para comer.

A primeira multiplicação dos pães *(Jo 6:04, Mc 6:32)*

E já a Páscoa, a festa dos judeus, estava perto. E foram-se num barco a um lugar deserto à parte. Mas as multidões os viram ir, e muitos o reconheceram. Então correram para lá a pé de todas as cidades, chegaram antes deles, e vieram para perto dele. Quando Jesus saiu do barco, viu uma grande multidão, **e teve compaixão deles porque eram como ovelhas que não têm pastor.**

Assim, começou a lhes ensinar muitas coisas. E quando já era tarde, os seus discípulos vieram a ele, e disseram: O lugar é deserto, e a hora já é tarde. Despede-os, para eles irem aos campos e aldeias circunvizinhos, e comprarem pão para si; pois não têm o que comer. Mas ele respondeu: Dai-lhes vós mesmos de comer.

E eles lhe responderam: Iremos, e compraremos duzentos denários de pão, para lhes darmos de comer? E ele lhes disse: Quantos pães tendes? Disse-lhe um de seus discípulos, André, o irmão de Simão Pedro: Um menino está aqui que tem cinco pães de cevada e dois peixinhos; mas que é isto entre tantos?

E mandou-lhes que fizessem sentar a todos em grupos sobre a grama verde. E sentaram-se repartidos de cem em cem, e de cinquenta em cinquenta. Ele tomou os cinco pães e os dois peixes, levantou os olhos ao céu, abençoou, e partiu os pães, e os deu aos seus discípulos, para que os pusessem diante deles. E os dois peixes repartiu com todos. Todos comeram e se saciaram. E dos pedaços de pão e dos peixes levantaram doze cestos cheios. Os que comeram os pães eram quase cinco mil homens.

Jesus evita que O coroem rei *(Jo 6:14)*

Vendo, pois, aquelas pessoas o sinal que Jesus fizera, disseram: Este é verdadeiramente o Profeta que havia de vir ao mundo! Sabendo, pois, Jesus que viriam, e o tomariam, para fazê-lo rei, voltou a se retirar sozinho ao monte.

Jesus anda sobre o mar *(Mt 14:22)*

E logo Jesus mandou os seus discípulos entrarem no barco, e que fossem adiante dele para a outra margem, enquanto ele despedia as multidões. Depois de despedir as multidões, subiu ao monte, à parte, para orar.

Tendo chegado à noite, ele estava ali sozinho. E o barco já estava no meio do mar, atormentado pelas ondas, porque o vento era contrário. Mas à quarta vigília da noite Jesus foi até eles, andando sobre o mar. Quando os discípulos o viram andar sobre o mar, apavoraram-se, dizendo: É um fantasma! E gritaram de medo. Mas Jesus logo lhes falou, dizendo: Tendes coragem! Sou eu, não tenhais medo.

Pedro anda sobre as águas (Mt 14:28)

E Pedro lhe respondeu, dizendo: Senhor, se és tu, manda-me vir a ti sobre as águas. E ele disse: Vem. Então Pedro desceu do barco e andou sobre as águas, para ir e foi a Jesus. Mas quando viu o vento forte, teve medo; e começando a afundar, gritou: Senhor, salva-me! Imediatamente Jesus estendeu a mão, segurou-o e disse-lhe: **Homem de pouca fé, por que duvidaste?** E quando subiram no barco, o vento se aquietou.

Então os que estavam no barco vieram e o adoraram, dizendo: Verdadeiramente tu és o Filho de Deus.

Doentes são curados ao tocarem em Suas vestes (Mt 14:34)

E havendo passado para a outra margem, chegaram à terra de Genesaré. E quando os homens daquele lugar o reconheceram, deram aviso por toda aquela região ao redor, e lhe trouxeram todos os que estavam enfermos. E rogavam-lhe que tão somente tocassem a borda de sua roupa; **e todos os que lhe tocavam ficavam curados.**

Jesus, o pão da vida (Jo 6:22)

O dia seguinte, vendo a multidão, que estava do outro lado do mar, que não havia ali mais que um barquinho, em que seus discípulos entraram; e que Jesus não entrara com seus discípulos naquele barquinho, mas que seus discípulos sós haviam ido; Porém outros barquinhos vieram de Tiberíades, perto do lugar onde comeram o pão, havendo o Senhor dado graças.

Vendo, pois, a multidão que Jesus não estava ali, nem seus discípulos, entraram eles também nos barcos, e vieram a Cafarnaum em busca de Jesus. E achando-o do outro lado do mar, disseram: Rabi, quando chegaste aqui? Respondeu-lhes Jesus, e disse: Em verdade, em verdade vos digo, que me buscais, não pelos sinais que vistes, mas pelo pão que comestes, e vos fartastes. Trabalhai não pela comida que perece, mas sim pela comida que permanece para vida eterna, a qual o Filho do homem vos dará; porque Deus Pai a este selou.

Disseram-lhe pois: Que faremos, para trabalharmos as obras de Deus? Respondeu Jesus, e disse-lhes: Esta é a obra de Deus: que creiais naquele que ele enviou. Disseram-lhe pois: Que sinal, pois, fazes tu para que o vejamos, e em ti creiamos? O que tu operas? Nossos pais comeram o maná no deserto, como está escrito: Pão do céu ele lhes deu para comer.

Então Jesus lhes disse: Em verdade, em verdade vos digo, que Moisés não vos deu o pão do céu; mas meu Pai vos dá o verdadeiro pão do céu. Porque o pão de Deus é aquele que desce do céu e dá vida ao mundo. Disseram-lhe pois: Senhor, dá-nos sempre deste pão.

E Jesus lhes disse: **Eu sou o pão da vida; quem vem a mim de maneira nenhuma terá fome, e quem crê em mim nunca terá sede.** Mas já tenho vos dito que também me vistes, e não credes.

Tudo o que o Pai me dá virá a mim; e ao que vem a mim, de maneira nenhuma o lançarei fora. Porque eu desci do céu, não para fazer minha vontade, mas sim a vontade daquele que me enviou; E esta é a vontade do Pai, que me enviou: que de tudo quanto me deu, nada perca, mas que eu o ressuscite no último dia. E esta é a vontade daquele que me enviou, que todo aquele que vê ao Filho, e nele crê, tenha a vida eterna; e eu o ressuscitarei no último dia.

⚜ *Os Judeus não entendem e reclamam (Jo 6:41)*

Então os judeus murmuravam dele, porque ele tinha dito: Eu sou o pão que desceu do céu. E diziam: Não é este Jesus o filho de José, cujos pai e mãe nós conhecemos? Como, pois, ele diz: Desci do céu? Respondeu, então, Jesus e disse-lhes: Não murmureis entre vós.

Ninguém pode vir a mim se o Pai que me enviou não o trouxer; e eu o ressuscitarei no último dia. Escrito está nos profetas: E todos serão ensinados por Deus. Portanto todo aquele que do Pai ouviu e aprendeu, esse vem a mim.

Não que alguém tenha visto ao Pai, a não ser aquele que é de Deus; este tem visto ao Pai. Em verdade, em verdade vos digo, que aquele que crê em mim tem vida eterna. Eu sou o pão da vida.

Vossos pais comeram o maná no deserto, e morreram. Este é o pão que desceu do céu, para que o homem coma dele e não morra. Eu sou o pão vivo, que desceu do céu; se alguém comer deste pão, para sempre viverá.

E o pão que eu darei é minha carne, a qual darei pela vida do mundo. Discutiam, pois, os Judeus entre si, dizendo: Como este pode nos dar sua carne para comer? Jesus, então, lhes disse: Em verdade, em verdade vos digo, que se não comerdes a carne do Filho do homem e beberdes seu sangue, não tereis vida em vôs mesmos. **Quem come minha carne e bebe meu sangue tem vida eterna, e eu o ressuscitarei no último dia.**

Porque minha carne verdadeiramente é comida; e meu sangue verdadeiramente é bebida. Quem come minha carne e bebe meu sangue, em mim permanece, e eu nele. Como o Pai que vive, me enviou, e eu vivo pelo Pai, assim quem come de mim também por mim viverá.

Este é o pão que desceu do céu. Não como vossos pais, que comeram o maná e morreram; quem comer este pão viverá para sempre.

Estas coisas ele disse na sinagoga, ensinando em Cafarnaum. Muitos, pois de seus discípulos, ao ouvirem isto, disseram: Dura é esta palavra; quem a pode ouvir? Sabendo, pois, Jesus em si mesmo, que seus discípulos murmuravam disto, disse-lhes: Isto vos ofende? Que seria pois, se vísseis ao Filho do homem subir aonde estava primeiro? **O Espírito é o que vivifica, a carne para nada aproveita; as palavras que eu vos digo são espírito e são vida.** Mas há alguns de vós que não creem.

Porque Jesus já sabia desde o princípio quem eram os que não criam, e quem era o que o entregaria. E dizia: Por isso tenho vos dito que ninguém pode vir a mim, se não lhe for concedido por meu Pai. Desde então muitos de seus discípulos voltaram atrás, e já não andavam com ele.

Disse, então, Jesus aos doze: Por acaso também vós quereis ir? Respondeu-lhe, pois, Simão Pedro: Senhor, a quem iremos? **Tu tens as palavras da vida eterna;** E nós cremos e conhecemos que tu és o Cristo, o Filho do Deus vivo. Jesus lhes respondeu: Por acaso não fui eu que vos escolhi, os doze? Porém um de vós é um diabo. E ele dizia isto de Judas, filho de Simão Iscariotes; porque ele o entregaria, o qual era um dos doze.

Jesus condena a tradição (Mt 15:1)

Então alguns escribas e fariseus de Jerusalém se aproximaram de Jesus, e perguntaram: Por que os teus discípulos transgridem a tradição dos anciãos? Pois não lavam suas mãos quando comem pão.

Porém ele lhes respondeu: E vós, por que transgredis o mandamento de Deus por vossa tradição? Pois Deus mandou, dizendo: Honra ao teu pai e à tua mãe; e quem maldisser ao pai ou à mãe seja sentenciado à morte.

Mas vós dizeis: "Qualquer um que disser ao pai ou à mãe: 'Todo o proveito que terias de mim é oferta exclusiva para Deus', não precisa honrar seu pai ou à sua mãe". E assim invalidastes o mandamento de Deus por vossa tradição.

Hipócritas! Isaías bem profetizou sobre vós, dizendo: Este povo com sua boca se aproxima de mim, e com os lábios me honra; mas o seu coração está longe de mim. Em vão, porém, me veneram, ensinando doutrinas que são preceitos dos homens.

O que contamina o homem *(Mt 15:10)*

Assim chamou a multidão para si, e disse-lhes: Ouvi e entendei. Não é o que entra na boca que contamina o homem; mas sim o que sai da boca, isso contamina o homem. Então os seus discípulos se aproximaram dele, e lhe perguntaram: Tu sabes que os fariseus se ofenderam quando ouviram esta palavra? Mas ele respondeu: Toda planta que meu Pai celestial não plantou será arrancada pela raiz. Deixai-os, são guias cegos de cegos. E se o cego guiar outro cego, ambos cairão na cova. E Pedro lhe disse: Explica-nos esta parábola. Porém Jesus disse: Até vós ainda estais sem entender? Não percebeis ainda que tudo o que entra na boca vai ao ventre, mas depois é lançado fora? **Porém as coisas que saem da boca procedem do coração; e elas contaminam ao homem.** Pois do coração procedem maus pensamentos, mortes, adultérios, pecados sexuais, furtos, falsos testemunhos, blasfêmias. Estas coisas são as que contaminam o ser humano; mas comer sem lavar as mãos não contamina o ser humano.

Jesus ministra sozinho na Galiléia *(Jo 7:1)*

E depois disto andava Jesus na Galiléia; e já não queria andar na Judéia, porque os judeus procuravam matá-lo.

A mulher Cananéia *(Mt 15:21, Mc 7:30)*

E, tendo Jesus partido dali, foi para as partes de Tiro e de Sidon. E eis que uma mulher Cananéia, que tinha saído daquela região, clamou-lhe: Senhor, Filho de Davi, tem misericórdia de mim! Minha filha está miseravelmente endemoninhada. Mas ele não lhe respondeu palavra. Então seus discípulos se aproximaram dele, e rogaram-lhe, dizendo: Manda-a embora, porque ela está gritando atrás de nós. E ele respondeu: Não fui enviado para ninguém além das ovelhas perdidas da casa de Israel. Então ela veio e se prostrou diante dele, dizendo: Senhor, socorre-me. Mas ele respondeu: Não é bom tomar o pão dos filhos e lançá-lo aos cachorrinhos. Ela, porém, disse: Sim, Senhor. Porém os cachorrinhos também comem das migalhas que caem da mesa dos seus senhores. Então Jesus lhe respondeu: Ó mulher, grande é a tua fé. A ti seja feito como tu queres. E desde aquele momento sua filha ficou curada. Quando ela chegou à sua casa, encontrou que o demônio já havia saído, e a filha estava deitada sobre a cama.

A cura do surdo e mudo (Mc 7:31)

Então Jesus voltou a sair da região de Tiro e de Sidon, e veio para o mar da Galiléia, por meio da região de Decápolis. E trouxeram-lhe um surdo que dificilmente falava, e rogaram-lhe que pusesse a mão sobre ele.

E tomando-o em separado da multidão, pôs os seus dedos nos ouvidos dele, cuspiu, e tocou-lhe a língua. Depois, levantando os olhos ao céu, suspirou e disse: Efatá, (isto é, abre-te). Imediatamente os ouvidos dele se abriram, e o que prendia sua língua se soltou, e passou a falar bem.

Jesus lhes mandou que a ninguém dissessem; porém, quanto mais lhes mandava, mais divulgavam. E ficavam muito admirados, dizendo: **Ele faz tudo esplendidamente bem! Aos surdos faz ouvir, e aos mudos falar.**

A segunda multiplicação dos pães (Mt 15:30)

E vieram a ele muitas multidões, que tinham consigo mancos, cegos, mudos, aleijados, e muitos outros; e os lançaram aos pés de Jesus, e ele os curou. Desta maneira, as multidões se maravilhavam quando viam os mudos falarem, os aleijados ficarem sãos, os mancos andarem, e os cegos verem; então glorificaram ao Deus de Israel.

Jesus chamou a si os seus discípulos, e disse: Estou compadecido com a multidão, porque já há três dias que estão comigo, e não têm o que comer. E não quero os deixar ir em jejum, para que não desmaiem no caminho.

E os seus discípulos lhe responderam: De onde conseguiremos tantos pães no deserto, para saciar tão grande multidão? Jesus lhes perguntou: Quantos pães tendes? E eles disseram: Sete pães; e uns poucos peixinhos. Então mandou as multidões que se sentassem pelo chão. Tomou os sete pães e os peixes, deu graças e os partiu. Em seguida, ele os deu aos seus discípulos, e os discípulos à multidão.

E todos comeram e se saciaram; e levantaram dos pedaços que sobraram sete cestos cheios. E foram os que comeram quatro mil homens, sem contar as mulheres e as crianças. Depois de despedir as multidões, Jesus entrou em um barco, e veio à região de Magdala.

Fariseus pedem um sinal (Mt 16:1)

Então os fariseus e os saduceus se aproximaram dele e, a fim de tentá-lo, pediram-lhe que lhes mostrasse algum sinal do céu.

Mas ele lhes respondeu: Quando chega à tarde, dizeis: "Haverá tempo bom, pois o céu está vermelho". E pela manhã: "Hoje haverá tempestade, pois, o céu está de um vermelho sombrio". Hipócritas! **Vós bem sabeis distinguir a aparência do céu, mas os sinais dos tempos não podeis?** Uma geração má e adúltera pede um sinal; mas nenhum sinal lhe será dado, a não ser o sinal do profeta Jonas. Então os deixou, e foi embora.

O fermento dos fariseus (Mt 16:5)

E quando os seus discípulos vieram para a outra margem, esqueceram-se de tomar pão. E Jesus lhes disse: Ficai atentos, e tende cuidado com o fermento dos fariseus e saduceus.

E eles argumentaram entre si, dizendo: É porque não tomamos pão. Jesus percebeu, e disse-lhes: Por que estais argumentando entre vós mesmos, ó homens de pouca fé, que não tomastes pão?

Ainda não entendeis, nem vos lembrais dos cinco pães dos cinco mil, e quantos cestos levantastes? Nem dos sete pães dos quatro mil, e quantos cestos levantastes? Como não entendeis que não foi pelo pão que eu vos disse para tomardes cuidado com o fermento dos fariseus e saduceus?

Então entenderam que ele não havia dito que tomassem cuidado com o fermento de pão, mas sim com a doutrina dos fariseus e saduceus.

O cego de Betsaida (Mc 8:22)

Então veio a Betsaida. E trouxeram-lhe um cego, e rogaram-lhe que o tocasse. Ele tomou o cego pela mão e o tirou para fora da aldeia. Depois cuspiu nos olhos dele e, pondo as mãos encima dele, perguntou-lhe se via alguma coisa. Ele levantou os olhos e disse: Vejo as pessoas; pois vejo como árvores que andam. Então Jesus pôs de novo as mãos sobre os seus olhos, e o fez olhar para cima. Assim ele ficou restabelecido, e passou a ver todos claramente. Então o mandou para sua casa, dizendo: Não entres na aldeia, nem contes a ninguém da aldeia.

A confissão de Pedro (Mt 16:13)

E tendo Jesus vindo às partes da Cesareia de Filipe, perguntou aos seus discípulos: Quem as pessoas dizem que eu, o Filho do homem, sou? E eles responderam: Alguns João Batista, outros Elias, e outros Jeremias ou algum dos profetas.

Ele lhes disse: E vós, quem dizeis que eu sou? E Simão Pedro respondeu: **Tu és o Cristo, o Filho do Deus vivo**! E Jesus lhe replicou: Bendito és tu, Simão, filho de Jonas; pois não foi carne e sangue que o revelou a ti, mas sim meu Pai, que está nos céus.

E eu também te digo que tu és Pedro, e sobre esta pedra edificarei a minha igreja; e as portas do mundo dos mortos não prevalecerão contra ela. E a ti darei as chaves do Reino dos céus; e tudo o que ligares na terra terá sido ligado nos céus; e tudo o que desligares na terra terá sido desligado nos céus.

Então mandou aos seus discípulos que a ninguém dissessem que ele era Jesus, o Cristo.

Jesus prediz a Sua morte (Mt 16:21)

Desde então Jesus começou a mostrar a seus discípulos que ele tinha que ir a Jerusalém, e sofrer muito pelos anciãos, pelos chefes dos sacerdotes, e pelos escribas, e ser morto, e ser ressuscitado ao terceiro dia. E Pedro o tomou à parte, e começou a repreendê-lo, dizendo: Misericórdia de ti, Senhor! De maneira nenhuma isso te aconteça. Mas ele se virou, e disse a Pedro: Para trás de mim, Satanás! Tu és um obstáculo, porque não compreendes as coisas de Deus, mas sim as humanas.

O discipulado (Mt 16:24)

Então Jesus disse a seus discípulos: **Se alguém quiser vir após mim, negue-se a si mesmo, tome sobre si a sua cruz, e siga-me.** Pois qualquer um que quiser salvar a sua vida a perderá; porém qualquer um que por causa de mim perder a sua vida, este a achará. Pois que proveito há para alguém ganhar o mundo todo, mas perder a sua alma? Ou que dará alguém em resgate da sua alma? Pois o Filho do homem virá na glória de seu Pai com os seus anjos, e então recompensará a cada um segundo as suas obras. Em verdade vos digo, que há alguns, dos que aqui estão, que não experimentarão a morte, até que vejam o Filho do homem vir em seu Reino.

A transfiguração (Mt 17:1)

Seis dias depois, Jesus tomou consigo Pedro, Tiago, e seu irmão João, e os levou a sós a um monte alto. Então se transfigurou diante deles; seu rosto brilhou como o sol, e suas roupas se tornaram brancas como a luz. E eis que lhes apareceram Moisés e Elias, falando com ele. Pedro, então, disse a Jesus: Senhor, bom é para nós estarmos aqui.

Se queres, façamos aqui três tendas: uma para ti, uma para Moisés, e uma para Elias. Enquanto ele ainda estava falando, eis que uma nuvem brilhante os cobriu. E eis que uma voz da nuvem disse: **Este é o meu Filho amado, em quem me agrado; a ele ouvi.** Quando os discípulos ouviram, caíram sobre seus rostos, e tiveram muito medo. Jesus se aproximou deles, tocou-os e disse: Levantai-vos, e não tenhais medo. E quando eles levantaram seus olhos, não viram a ninguém, a não ser a Jesus somente. E enquanto desciam do monte, Jesus lhes deu a seguinte ordem: Não conteis a visão a ninguém, até que o Filho do homem seja ressuscitado dos mortos.

Elias e João Batista (Mt 17:10)

E os seus discípulos lhe perguntaram: Por que, então, os escribas dizem que Elias tem que vir primeiro? Jesus lhes respondeu: Em verdade Elias virá primeiro, e restaurará todas as coisas. Digo-vos, porém, que Elias já veio, mas não o reconheceram. Em vez disso fizeram dele tudo o que quiseram. Assim também o Filho do homem sofrerá por meio deles. Então os discípulos entenderam que ele lhes falara a respeito de João Batista.

A libertação de um menino (Mc 9:14)

E quando veio aos discípulos, ele viu uma grande multidão ao redor deles; e uns escribas estavam discutindo com eles. Logo que toda a multidão o viu, ficou admirada.

Então correram a ele, e o cumprimentaram. Jesus perguntou aos escribas: O que estais discutindo com eles? E um da multidão respondeu: Mestre, trouxe a ti o meu filho, que tem um espírito mudo. E onde quer que o toma, faz-lhe ter convulsões, solta espuma, range os dentes, e vai ficando rígido. Eu disse aos teus discípulos que o expulsassem, mas não conseguiram. Jesus lhe respondeu: Ó geração incrédula! Até quando estarei ainda convosco? Até quando vos suportarei?

Trazei-o a mim. Então trouxeram-no a ele. E quando o viu, logo o espírito o fez ter uma convulsão e, caindo em terra, rolava e espumava. E perguntou ao seu pai: Quanto tempo há que isto lhe sobreveio? E ele lhe disse: Desde a infância. E muitas vezes o lançou também no fogo e na água para o destruir. Mas, se podes algo, tem compaixão de nós, e ajuda-nos. E Jesus lhe disse: Se podes crer, tudo é possível. E logo o pai do menino, clamando, com lágrimas, disse: Creio, Senhor! Ajuda minha incredulidade.

E vendo Jesus que a multidão concorria, repreendeu ao espírito imundo, dizendo-lhe: Espírito mudo e surdo, eu te mando, sai dele, e não entres nele mais! E clamando, e fazendo-o convulsionar muito, saiu; e ficou o menino como morto, de tal maneira que muitos diziam que estava morto. E tomando-o Jesus pela mão, ergueu-o, e ele se levantou.

Fé como um grão de mostarda *(Mt 17:19)*

Depois os discípulos se aproximaram de Jesus em particular, e perguntaram: Por que nós não o pudemos expulsar? E Jesus lhes respondeu: Por causa da vossa incredulidade; pois em verdade vos digo, que **se tivésseis fé como um grão de mostarda, diríeis a este monte: "Passa-te daqui para lá", E ele passaria.** E nada vos seria impossível. Mas este tipo de demônio não sai, a não ser por oração e jejum.

Novamente Jesus prediz a sua morte e ressurreição *(Mc 9:30)*

E partidos dali, caminharam pela Galiléia, e não queria que alguém o soubesse, porque ensinava a seus discípulos, e lhes dizia: O Filho do homem será entregue nas mãos dos homens, e o matarão; e estando ele morto, ressuscitará ao terceiro dia. Mas eles não entendiam esta palavra, e temiam lhe perguntar.

Jesus paga o tributo *(Mt 17:24)*

E quando entraram em Cafarnaum, os cobradores de impostos das duas dracmas vieram a Pedro, e perguntaram: Vosso mestre não paga as duas dracmas? Ele respondeu: Sim.

Quando ele entrou em casa, Jesus o antecipou, dizendo: Que te parece, Simão? De quem os reis da terra cobram tributos ou taxas? Dos seus filhos, ou dos outros?

Pedro lhe respondeu: Dos outros. Jesus lhe disse: Logo, os filhos são livres de pagar. Mas para não os ofendermos, vai ao mar, e lança o anzol. Toma o primeiro peixe que subir, e quando lhe abrir a boca, acharás uma moeda de quatro dracmas. Toma-a, e dá a eles por mim e por ti.

O maior no reino dos céus *(Mt 18:1)*

Naquela hora os discípulos se aproximaram de Jesus, e perguntaram: Ora, quem é o maior no Reino dos céus? Então Jesus chamou a si uma criança, e a pôs no meio deles, e disse:

Em verdade vos digo, que se vós não converterdes, e fordes como crianças, de maneira nenhuma entrareis no Reino dos céus. Assim, qualquer um que for humilde como esta criança, este é o maior no reino dos céus.

E qualquer um que receber a uma criança como esta em meu nome, recebe a mim. Mas qualquer um que conduzir ao escândalo a um destes pequeninos que creem em mim, melhor lhe fora que uma grande pedra de moinho lhe fosse pendurada ao pescoço, e se afundasse no fundo do mar.

Olhai para que não desprezeis a algum destes pequeninos; porque eu vos digo que os seus anjos nos céus sempre veem a face do meu Pai, que está nos céus.

A parábola da ovelha perdida *(Mt 18:11)*

Pois o Filho do homem veio para salvar o que havia se perdido. Que vos parece? Se alguém tivesse cem ovelhas, e uma delas se desviasse, por acaso não iria ele pelos montes, deixando as noventa e nove, em busca da desviada?

E se acontecesse de achá-la, em verdade vos digo que ele se alegra mais daquela, do que das noventa e nove que se não desviaram. Da mesma maneira, não é da vontade do vosso Pai, que está nos céus, que um sequer destes pequeninos se perca.

O dever do que serve (Lc 17:7)

E qual de vós terá um servo, lavrando ou apascentando gado que, voltando do campo, logo lhe diga: Chega, e senta à mesa. E não lhe diga antes: Prepara-me o jantar, e apronta-te, e serve-me, até que eu tenha comido e bebido; e depois, come e bebe tu. Por acaso o senhor agradece a tal servo, porque fez o que lhe foi mandado? Acho que não. Assim também vós, quando fizerdes tudo o que vos for mandado, dizei: Somos servos inúteis, porque fizemos somente o que devíamos fazer.

Sobre a tentação (Mt 18:7)

Ai do mundo por causa dos escândalos! Pois é necessário que os escândalos venham, mas ai daquela pessoa por quem o escândalo vem! Portanto, se a tua mão ou o teu pé te conduz ao escândalo, corta-os, e lança-os de ti; melhor te é entrar manco ou aleijado na vida do que, tendo duas mãos ou dois pés, ser lançado no fogo eterno. E se o teu olho te conduz ao escândalo, arranca-o, e lança-o de ti. Melhor te é entrar com um olho na vida do que, tendo dois olhos, ser lançado no inferno de fogo.

Obras no nome de Jesus (Mc 9:37)

Qualquer que em meu nome receber a um dos tais meninos, recebe a mim; e qualquer que me receber, não somente recebe a mim, mas também ao que me enviou. E respondeu-lhe João, dizendo: Mestre, temos visto a um, que em teu nome expulsava aos demônios, o qual não nos segue; e nós o proibimos, porque não nos segue. Porém Jesus disse: Não o proibais; porque ninguém há que faça milagre em meu nome, e logo possa dizer mal de mim. **Porque quem não é contra nós, é por nós.** Porque qualquer que vos der um pequeno vaso de água para beber em meu nome, porque sois de Cristo, em verdade vos digo, que não perderá sua recompensa.

A disciplina na igreja (Mt 18:15)

Porém, se teu irmão pecar contra ti, vai repreendê-lo entre ti e ele só; se te ouvir, ganhaste o teu irmão. Mas se não ouvir, toma ainda contigo um ou dois, para que toda palavra se confirme pela boca de duas ou três testemunhas. E se não lhes der ouvidos, comunica à igreja; e se também não der ouvidos à igreja, considera-o como gentio e cobrador de impostos.

⁓ *A autoridade na concordância* (Mt 18:18)

Em verdade vos digo que tudo o que vós ligardes na terra será ligado no céu; e tudo o que desligardes na terra será desligado no céu.

E digo-vos também que, se dois de vós concordardes na terra acerca de **qualquer coisa que pedirdes, isso lhes será feito por meu Pai, que está nos céus.** Pois onde dois ou três estiverem reunidos em meu nome, ali eu estou no meio deles.

⁓ *O perdoar* (Mt 18:21)

Então Pedro aproximou-se dele, e perguntou: Senhor, até quantas vezes meu irmão pecará contra mim, e eu lhe perdoarei? Até sete? Jesus lhe respondeu: Eu não te digo até sete, mas sim até setenta vezes sete.

⁓ *A parábola do credor incompassivo* (Mt 18:23)

Por isso o Reino dos céus é comparável a um certo rei, que quis fazer acerto de contas com os seus servos. E começando a fazer acerto de contas, foi-lhe apresentado um que lhe devia dez mil talentos. Como ele não tinha com que pagar, o seu senhor mandou que ele, sua mulher, filhos, e tudo quanto tinha fossem vendidos para se fazer o pagamento.

Então aquele servo caiu e ficou prostrado diante dele, dizendo: "Senhor, tem paciência comigo, e tudo te pagarei". O senhor daquele servo compadeceu-se dele, então o soltou e lhe perdoou a dívida.

Todavia, depois daquele servo sair, achou um servo, colega seu, que lhe devia cem denários; então o agarrou e o sufocou, dizendo: "Paga-me o que deves!" Então o seu colega se prostrou diante dos seus pés, e lhe suplicou, dizendo: "Tem paciência comigo, e tudo te pagarei". Mas ele não quis. Em vez disso foi lançá-lo na prisão até que pagasse a dívida.

Quando os servos, colegas dele, viram o que se passava, entristeceram-se muito. Então vieram denunciar ao seu senhor tudo o que havia se passado. Assim o seu senhor o chamou, e lhe disse: "Servo mau! Toda aquela dívida te perdoei, porque me suplicaste.

Não tinhas tu a obrigação de ter tido misericórdia do sevo colega teu, assim como eu tive misericórdia de ti?" E, enfurecido, o seu senhor o entregou aos torturadores até que pagasse tudo o que lhe devia. **Assim também meu Pai celestial vos fará, se não perdoardes de coração cada um ao seu irmão suas ofensas.**

Os irmãos de Jesus *(Jo 7:2)*

E já estava perto a festa dos tabernáculos dos judeus. Disseram-lhe, pois, seus irmãos: Parti daqui, e vai-te para a Judéia, para que também teus discípulos vejam as tuas obras que fazes. Pois ninguém que procura ser conhecido faz coisa alguma em oculto. Se fazes estas coisas, manifesta-te ao mundo. Porque nem mesmo os seus irmãos criam nele.

Então Jesus lhes disse: Meu tempo ainda não é chegado; mas vosso tempo sempre está pronto. O mundo não pode vos odiar, mas a mim me odeia, porque dele testemunho que suas obras são más. Subi vós para esta festa; eu não subo ainda a esta festa, porque ainda meu tempo não é cumprido. E havendo-lhes dito isto, ficou na Galiléia.

Jesus vai sem avisar a Jerusalém *(Jo 7:10)*

Mas havendo seus irmãos já subido, então subiu ele também à festa, não abertamente, mas como em oculto. Buscavam-no, pois, os judeus na festa, e diziam: Onde ele está? E havia grande murmuração dele nas multidões. Alguns diziam: Ele é Bom; e outros diziam: Não; ele, porém, engana a multidão. Todavia ninguém falava dele abertamente, com medo dos judeus.

Controvérsia sobre Jesus *(Jo 7:14)*

Porém no meio da festa subiu Jesus ao Templo, e ensinava. E maravilhavam-se os Judeus, dizendo: Como este sabe as Escrituras, não as havendo aprendido? Respondeu-lhes Jesus, e disse: Minha doutrina não é minha, mas sim daquele que me enviou. Se alguém quiser fazer sua vontade, da doutrina conhecerá, se é de Deus, ou se eu falo de mim mesmo. Quem fala de si mesmo busca sua própria honra; mas quem busca a honra daquele que o enviou, esse é verdadeiro, e não há nele injustiça.

Não vos deu Moisés a Lei? Mas ninguém de vós cumpre a Lei. Por que procurais me matar? Respondeu a multidão, e disse: Tens demônio; quem procura te matar? Respondeu Jesus, e disse-lhes: Uma obra fiz, e todos vos maravilhais. Por isso Moisés vos deu a circuncisão (não porque seja de Moisés, mas dos patriarcas) e no sábado circuncidais ao homem. Se o homem recebe a circuncisão no sábado, para que a Lei de Moisés não seja quebrada, irritai-vos comigo, porque no sábado curei por completo um homem? **Não julgueis segundo a aparência, mas julgai juízo justo.**

Diziam, pois, alguns dos de Jerusalém: Não é este ao que procuram matar? E eis que ele fala livremente, e nada lhe dizem; por acaso é verdade que os chefes sabem que este realmente é o Cristo? Mas este bem sabemos de onde é: Porém quando vier o Cristo, ninguém saberá de onde é. Clamava pois Jesus no Templo, ensinando e dizendo: E a mim me conheceis, e sabeis de onde sou; e eu não vim de mim mesmo; mas aquele que me enviou é verdadeiro, ao qual vós não conheceis.

Porém eu o conheço, porque dele sou, e ele me enviou. Procuravam, pois, prendê-lo, mas ninguém pôs a mão nele, porque sua hora ainda não era vinda. E muitos da multidão creram nele, e diziam: Quando o Cristo vier, fará ainda mais sinais do que os que este tem feito? Ouviram os fariseus que a multidão murmurava estas coisas sobre ele; e os fariseus e os chefes dos Sacerdotes mandaram oficiais para prendê-lo.

Disse-lhes, pois, Jesus: Ainda um pouco de tempo estou convosco, e então me irei para aquele que me enviou. Vós me buscareis, mas não me achareis; e onde eu estou vós não podeis vir.

Disseram, pois, os judeus uns aos outros: Para onde este se irá, que não o acharemos? Por acaso ele irá aos dispersos entre os gregos, e a ensinar aos gregos? Que palavra é esta que disse: Vós me buscareis, mas não me achareis; e onde eu estou vós não podeis vir? E no último e grande dia da festa se pôs Jesus em pé, e exclamou, dizendo: **Se alguém tem sede, venha a mim, e beba. Quem crê em mim, como diz a Escritura, rios de água viva correrão do interior** de seu corpo. E ele disse isto do Espírito que receberiam aqueles que nele cressem; pois o Espírito Santo ainda não era vindo, porque Jesus ainda não havia sido glorificado.

Então muitos da multidão, ouvindo esta palavra, diziam: Verdadeiramente este é o Profeta. Outros diziam: Este é o Cristo; e outros diziam: Por acaso vem o Cristo da Galiléia? Não diz a Escritura que o Cristo virá da semente de Davi, e da aldeia de Belém, de onde era Davi? Por isso havia divisão de opiniões na multidão por causa dele.

E alguns deles queriam prendê-lo, mas ninguém pôs a mão nele. Vieram, pois, os oficiais dos sacerdotes e fariseus; e eles lhes disseram: Por que não o trouxestes? Os oficiais responderam: Ninguém jamais falou assim como este homem. Responderam-lhes, pois, os fariseus: Estais vós também enganados? Por acaso algum dos chefes ou dos fariseus creu nele? Mas esta multidão, que não sabe a Lei, maldita é.

Disse-lhes Nicodemos, o que viera a ele de noite, que era um deles: Por acaso nossa Lei julga ao homem sem primeiro o ouvir, e entender o que faz? Responderam eles, e disseram: És tu também da Galiléia? Examina, e vê que nenhum profeta se levantou da Galiléia. E cada um foi para sua casa.

⚜ *Mulher surpreendida em adultério* (Jo 8:1)

Porém Jesus foi para o monte das Oliveiras. E pela manhã cedo voltou ao Templo, e todo o povo veio a ele; e sentando-se, ensinava-os. E trouxeram-lhe os escribas e fariseus uma mulher tomada em adultério; E pondo-a no meio, disseram-lhe: Mestre, esta mulher foi tomada no momento em que estava adulterando. E na Lei nos mandou Moisés, que as tais sejam apedrejadas; tu pois que dizes? E isto diziam eles, tentando-o, para que tivessem de que o acusar.

Mas inclinando-se Jesus, escrevia com o dedo na terra. E enquanto continuavam lhe perguntando, ele se endireitou, e disse-lhes: Aquele de vós que está sem pecado, seja o primeiro que atire pedra contra ela. E voltando a se inclinar, escrevia na terra.

Porém ouvindo eles isto, e acusados pela própria consciência, saíram um a um, começando dos mais velhos até os últimos; e Jesus ficou só, e a mulher, que estava no meio. E endireitando-se Jesus, e não vendo a ninguém além da mulher, disse-lhe: Mulher, onde estão aqueles teus acusadores? Ninguém te condenou? E disse ela: Ninguém, Senhor. E disse-lhe Jesus: **Nem eu também te condeno; vai, e não peques mais.**

⚜ *Jesus a luz do mundo* (Jo 8:12)

Falou-lhes, pois, Jesus outra vez, dizendo: Eu sou a luz do mundo; quem me seguir não andará em trevas, mas terá luz de vida. Disseram-lhe, pois, os Fariseus: Tu testemunhas de ti mesmo; teu testemunho não é verdadeiro. Respondeu Jesus, e disse-lhes: Ainda que eu testemunho de mim mesmo, meu testemunho é verdadeiro; porque sei de onde vim, e para onde vou; porém vós não sabeis, de onde venho, nem para onde vou. Vós julgais segundo a carne, eu não julgo a ninguém. E se eu também julgo, meu juízo é verdadeiro; porque não sou eu só, mas eu, e o Pai que me enviou.

E também em vossa Lei está escrito que o testemunho de duas pessoas é verdadeiro. Eu sou o que testemunho de mim mesmo; e também de mim testemunha o Pai, que me enviou.

Disseram-lhe pois: Onde está teu Pai? Respondeu Jesus: Nem a mim me conheceis, nem a meu Pai; se vós a mim conhecêsseis, também conheceríeis a meu Pai. Estas palavras falou Jesus junto à arca do tesouro, ensinando no Templo; e ninguém o prendeu, porque sua hora ainda não era chegada. Disse-lhes, pois, Jesus outra vez: Eu me vou, e me buscareis, e morrereis em vosso pecado; para onde eu vou vós não podeis vir. Diziam, pois, os Judeus: Ele, por acaso, matará a si mesmo? Pois diz: Para onde eu vou vós não podeis vir. E ele lhes dizia: Vós sois de baixo, eu sou de cima; vós sois deste mundo, eu não sou deste mundo. Por isso eu vos disse, que morrereis em vossos pecados; porque se não credes que eu sou, morrereis em vossos pecados. Disseram-lhe pois: Quem és tu? Jesus lhes disse: Sou o mesmo que desde o princípio tenho vos dito. Muitas coisas tenho que dizer e julgar de vós; mas verdadeiro é aquele que me enviou; e eu o que dele tenho ouvido, isso falo ao mundo. Mas não entenderam que ele estava lhes falando do Pai.

Jesus, então, lhes disse: Quando levantardes ao Filho do homem, então entendereis que EU SOU, e que **nada faço de mim mesmo; mas isto digo, como meu Pai me ensinou.** E aquele que me enviou está comigo. O Pai não me tem deixado só, porque sempre faço o que lhe agrada.

Jesus, o libertador (Jo 8:30)

Falando ele estas coisas, muitos creram nele. Dizia, pois, Jesus aos judeus que criam nele: Se vós permanecerdes em minha palavra, verdadeiramente sereis meus discípulos. E conhecereis a verdade, e a verdade vos libertará. Responderam-lhe: Somos semente de Abraão, e nunca servimos a ninguém; como, então, tu dizes: Sereis livres? Respondeu-lhes Jesus: Em verdade, em verdade vos digo, que todo aquele que peca, servo é do pecado. E o servo não fica em casa para sempre; o Filho fica para sempre. Portanto, se o Filho vos libertar, verdadeiramente sereis livres. Bem sei que sois semente se Abraão; porém procurais matar-me, porque minha palavra não cabe em vós. Eu, o que vi junto a meu Pai, isso falo; e vós, o que também vistes junto a vosso pai isso fazeis. Responderam, e lhe disseram: Nosso pai é Abraão. Disse-lhes Jesus: Se fôsseis filhos de Abraão, faríeis as obras de Abraão. Porém agora procurais matar a mim, o homem que tenho vos falado a verdade que de Deus tenho ouvido; Abraão não fez isto.

72

Vós fazeis as obras de vosso pai. Disseram-lhe pois: Nós não somos nascidos de pecado sexual; nós temos um Pai: Deus. Disse-lhes, pois, Jesus: Se Deus fosse vosso Pai, verdadeiramente me amaríeis; porque eu saí e venho de Deus; pois não vim de mim mesmo, porém ele me enviou.

Por que não entendeis meu discurso? Porque não podeis ouvir minha palavra. Vós sois filhos de vosso pai, o Diabo, e quereis fazer os desejos de vosso pai; ele foi homicida desde o princípio, e não permaneceu na verdade, porque nele não há verdade; quando fala mentira, fala do que lhe é próprio; porque é mentiroso, e pai da mentira.

Porém a mim, porque vos digo a verdade, não credes em mim. Quem de vós me convence de pecado? E se digo a verdade, por que não credes em mim? Quem é de Deus, ouve as palavras de Deus; portanto vós não as ouvis porque não sois de Deus.

Responderam, pois, os Judeus, e lhe disseram: Nós não dizemos com razão que és samaritano, e tens o demônio? Respondeu Jesus: Eu não tenho demônio, antes honro o meu Pai; e vós me desonrais. Mas eu não busco minha glória; há quem a busque, e julgue. Em verdade, em verdade vos digo, que se alguém guardar minha palavra, jamais verá a morte.

Disseram-lhe, pois, os Judeus: Agora conhecemos que tens o demônio. Abraão e os profetas morreram; e tu dizes: Se alguém guardar minha palavra, jamais experimentará a morte. És tu maior que nosso Pai Abraão, que morreu? Os profetas também morreram. Quem tu dizes ser?

Respondeu Jesus: **Se eu me glorifico a mim mesmo, minha glória é nada; meu Pai, o qual vós dizeis ser vosso Deus, ele é o que me glorifica.** E vós não o conheceis, mas eu o conheço; e se disser que não o conheço, serei mentiroso como vós; mas eu o conheço, e guardo sua palavra. Abraão, vosso pai, saltou de alegria por ver o meu dia; ele viu, e se alegrou.

Disseram-lhe, pois. Os Judeus: Ainda não tens cinquenta anos, e viste a Abraão? Jesus lhes disse: Em verdade, em verdade vos digo, que antes que Abraão fosse, eu sou. Então tomaram pedras para atirarem nele. Mas Jesus se escondeu, e saiu do Templo, atravessando por meio deles, e assim se foi.

73

E indo Jesus passando, viu a um homem cego desde o nascimento. E seus discípulos lhe perguntaram, dizendo: Rabi, quem pecou? Este, ou seus pais, para que nascesse cego? Respondeu Jesus: Nem este pecou, nem seus pais; mas sim para que as obras de Deus nele se manifestem.

A mim me convém fazer as obras daquele que me enviou, enquanto é dia; a noite vem, quando ninguém pode trabalhar. Enquanto estiver no mundo, eu sou a luz do mundo. Dito isto, cuspiu em terra, e fez lama do cuspe, e untou com aquela lama os olhos do cego. E disse-lhe: Vai, lava-te no tanque de Siloé (que se traduz enviado). Foi, pois e lavou-se; e voltou vendo.

Então os vizinhos, os que antes viram que era cego, diziam: Não é este aquele que estava sentado, e mendigava? Outros diziam: É este. E outros: Parece-se com ele. Ele dizia: Sou eu. Então lhe diziam: Como teus olhos se abriram? Respondeu ele, e disse: Aquele homem chamado Jesus fez lama, untou meus olhos, e me disse: Vai ao tanque de Siloé, e lava-te. E fui, e me lavei, e vi. Disseram-lhe, pois: Onde ele está? Disse ele: Não sei. Levaram aos Fariseus o que antes era cego.

E era sábado, quando Jesus fez a lama, e abriu os olhos dele. Então voltaram também os Fariseus a lhe perguntar como vira, e ele lhes disse: Pôs lama sobre os meus olhos, e me lavei, e vejo. Então que alguns dos Fariseus diziam: Este homem não é de Deus, pois não guarda o sábado. Outros diziam: Como pode um homem pecador fazer tais sinais? E havia divisão entre eles.

Voltaram a dizer ao cego: Tu que dizes dele, que abriu teus olhos? E ele disse: Que é profeta. Portanto os judeus não criam nele, de que houvesse sido cego, e passasse a ver, até que chamaram aos pais dos que passou a ver. E perguntaram-lhes, dizendo: É este vosso filho, aquele que dizeis que nasceu cego? Como, pois, agora vê?

Responderam-lhes seus pais, e disseram: Sabemos que este é nosso filho, e que nasceu cego; mas como agora ele vê, não sabemos; ou, quem lhe abriu os olhos, não sabemos; ele tem idade suficiente, perguntai a ele, ele falará por si mesmo. Isto disseram seus pais, pois temiam aos judeus.

Porque já os Judeus tinham acordado, que se alguém confessasse que ele era o Cristo, seria expulso da sinagoga.

Por isso disseram seus pais: Ele tem idade suficiente, perguntai a ele. Chamaram, pois, segunda vez ao homem que era cego, e disseram-lhe: Dá glória a Deus; nós sabemos que esse homem é pecador. Respondeu, pois, ele e disse: **Se é pecador, não o sei; uma coisa sei, que havendo eu sido cego, agora vejo.** E voltaram a lhe dizer: O que ele te fez? Como ele abriu os teus olhos? Ele lhes respondeu: Eu já vos disse, e ainda não o ouvistes; para que quereis voltar a ouvir? Por acaso vós também quereis ser discípulos dele?

Então lhe insultaram, e disseram: Tu sejas discípulo dele; mas nós somos discípulos de Moisés. Bem sabemos nós que Deus falou a Moisés; mas este nem de onde é, não sabemos. Aquele homem respondeu, e disse-lhes: Porque nisto está a maravilha: que vós não sabeis de onde ele é; e a mim abriu meus olhos! E bem sabemos que Deus não ouve aos pecadores; mas se alguém é temente a Deus, e faz sua vontade, a este ouve.

Desde o princípio dos tempos nunca se ouviu de que alguém que tenha aberto os olhos de um que tenha nascido cego. **Se este não fosse vindo de Deus, nada poderia fazer.** Eles responderam, e lhe disseram: Tu és todo nascido em pecados, e nos ensina? E o lançaram fora. Ouviu Jesus que o haviam lançado fora, e achando-o, disse-lhe: Crês tu no Filho de Deus? Respondeu ele, e disse: Quem é, Senhor, para que nele creia? E disse-lhe Jesus: Tu já o tens visto; e este é o que fala contigo.

E ele disse: Creio Senhor; E adorou-o. E disse Jesus: Eu vim a este mundo para juízo, para os que não veem, vejam; e os que veem, ceguem. E ouviram isto alguns dos fariseus, que estavam com ele; e lhe disseram: Também nós somos cegos? Disse-lhes Jesus: Se fôsseis cegos, não teríeis pecado; mas agora dizeis: Vemos; portanto vosso pecado permanece.

Jesus, o bom pastor (Jo 10:1)

Em verdade, em verdade vos digo, que aquele que no curral das ovelhas não entra pela porta, mas entra por outra parte, é ladrão, e assaltante. Mas aquele que entra pela porta é o pastor de ovelhas.

A este o porteiro abre, e as ovelhas ouvem sua voz, e a suas ovelhas chama nome por nome, e as leva fora. E quando tira fora suas ovelhas, vai adiante delas, e as ovelhas o seguem, porque conhecem sua voz.

Mas ao estranho em maneira nenhuma seguirão, ao invés disso dele fugirão; porque não conhecem a voz dos estranhos. Esta parábola Jesus lhes disse; porém eles não entenderam que era o que lhes falava.

Voltou, pois, Jesus a lhes dizer: Em verdade, em verdade vos digo, que sou a porta das ovelhas. Todos quantos vieram antes de mim, são ladrões e assaltantes; mas as ovelhas não os ouviram. **Eu sou a porta; se alguém entrar por mim, será salvo; e entrará, e sairá, e achará pasto.** O ladrão não vem para outra coisa, a não ser roubar, e matar, e destruir; eu vim para que tenham vida, e a tenham em abundância.

Eu sou o bom Pastor; o bom Pastor dá sua vida pelas ovelhas. Mas o empregado, e que não é o pastor, as cujas ovelhas não são próprias, vê o lobo vir, e deixa as ovelhas, e foge; o lobo as arranca, e dispersa as ovelhas. E o empregado foge, porque é empregado, e não tem cuidado das ovelhas. Eu sou o bom Pastor, e as minhas conheço, e das minhas sou conhecido. \

Como o Pai me conhece, assim também eu conheço ao Pai; e ponho minha vida pelas ovelhas. Ainda tenho outras ovelhas que não são deste curral; a estas também me convém trazer, e ouvirão minha voz, e haverá um rebanho, e um pastor. Por isso me ama o Pai, porque ponho minha vida para tomá-la de volta. Ninguém a tira de mim, mas eu de mim mesmo a ponho; poder tenho para a pôr, e poder tenho para tomá-la de volta. Este mandamento recebi de meu Pai. Voltou, pois, a haver divisão entre os Judeus, por causa destas palavras. E muitos deles diziam: Ele tem demônio, e está fora de si; para que o ouvis? Diziam outros: Estas palavras não são de endemoninhado; por acaso pode um demônio abrir os olhos dos cegos?

Fim do Seu ministério na Galiléia (Lc 9:51)

E aconteceu que, cumprindo-se os dias em que ele viria a partir para o alto, ele se determinou a ir para Jerusalém.

A cura dos dez leprosos (Lc 17:11)

E aconteceu que, indo ele para Jerusalém, passou por meio de Samaria e da Galiléia. E entrando em certa aldeia, saíram-lhe ao encontro dez homens leprosos, os quais pararam de longe. E levantaram a voz, dizendo: Jesus, Mestre, tem misericórdia de nós! E ele, vendo-os, disse-lhes: Ide, e mostrai-vos aos sacerdotes. E aconteceu que, enquanto eles iam, ficaram limpos. E vendo um deles que estava são, voltou, glorificando a Deus a alta voz. E caiu com o rosto a seus pés, agradecendo-lhe; e este era samaritano. E respondendo Jesus, disse: Não foram os dez limpos? E onde estão os nove? Não houve quem voltasse para dar glória a Deus, a não ser este estrangeiro? E disse-lhe: **Levanta-te, e vai; tua fé te salvou.**

·❊· *A oposição dos samaritanos* (Lc 9:52)

E mandou mensageiros adiante de sua face; e indo eles, entraram em uma aldeia de samaritanos, para lhe prepararem a sua estadia ali. E não o receberam, porque o seu aspecto demonstrava que ele ia para Jerusalém. E seus discípulos, Tiago e João, vendo isto, disseram: Senhor, queres que digamos para que desça fogo do céu, e os consuma, como Elias também fez? Porém ele, se virando, repreendeu-os e disse: Vós não sabeis de que espírito sois. E foram para outra aldeia.

·❊· *Jesus envia os setenta* (Lc 10:1)

E depois disto, o Senhor ordenou ainda outros setenta, e os mandou de dois em dois adiante de sua face, para toda cidade e lugar para onde ele viria. E lhes dizia: **A colheita verdadeiramente é grande, mas os trabalhadores são poucos; portanto rogai ao Senhor da colheita para que ele traga trabalhadores para sua colheita.**

Saí; eis que eu vos mando como cordeiros no meio dos lobos. Não leveis bolsa, nem sacola, nem sandálias; e a ninguém saudeis pelo caminho. E em qualquer casa que entrardes, dizei primeiro: Paz seja nesta casa. E se ali houver algum filho da paz, a vossa paz repousará sobre ele; e se não, ela voltará para vós. E ficai na mesma casa, comendo e bebendo do que tiverem; pois o trabalhador é digno de seu salário. Não passeis de casa em casa. E em qualquer cidade que entrardes, e vos receberem, comei o que puserem diante de vós. E curai os enfermos que nela houver, e dizei-lhes: Chegado é para vós o Reino de Deus. Mas em qualquer cidade que entrardes e não vos receberem, saí pelas ruas, e dizei: Até o pó de vossa cidade que ficou em nós, sacudimos sobre vós; porém disto sabeis, que o Reino de Deus já chegou a vós.

E eu vos digo, que mais tolerável será naquele dia para Sodoma, do que para aquela cidade. Ai de ti, Corazim! Ai de ti, Betsaida! Porque se em Tiro e em Sidon tivessem sido feitas as maravilhas que foram feitas entre vós, há muito tempo que teriam se arrependido, em saco e em cinza. Portanto para Tiro e Sidon será mais tolerável no juízo, do que para vós. E tu, Cafarnaum, que pensas que estás levantada até o céu, serás derrubada até o mundo dos mortos! Quem ouve a vós, também ouve a mim; e quem vos rejeita, também rejeita a mim; e quem me rejeita, também rejeita ao que me enviou.

Os setenta regressam *(Lc 10:17)*

E os setenta voltaram com alegria, dizendo: Senhor, até os demônios se sujeitam a nós por teu nome. E disse-lhes: Eu vi a Satanás, que caía do céu como um raio. Eis que vos dou poder para pisar sobre serpentes e escorpiões, e sobre toda a força do inimigo, e nada vos fará dano nenhum. Mas não vos alegreis de que os espíritos se sujeitem a vós; em vez disso, **alegrai-vos por vossos nomes estarem escritos nos céus.**

Jesus se alegra *(Lc 10:21)*

Naquela hora Jesus se alegrou em espírito, e disse: Graças te dou, ó Pai, Senhor do céu e da terra; porque tu escondeste estas coisas aos sábios e instruídos, e as revelaste às crianças. Sim, Pai, porque assim lhe agradou diante de ti. Todas as coisas me foram entregues pelo meu Pai; **e ninguém sabe quem é o Filho, a não ser o Pai; nem quem é o Pai, a não ser o Filho, e a quem o Filho o quiser revelar.** E virando-se para seus discípulos, disse-lhes à parte: Bem-aventurados os olhos que veem o que vós vedes. Porque vos digo, que muitos profetas e reis desejaram ver o que vós vedes, e não o viram; o ouvir o que vós ouvis, e não o ouviram.

Encontrareis descanso *(Mt 11:28)*

Vinde a mim todos vós que estais cansados e sobrecarregados, e eu vos farei aliviarei. Tomai sobre vós o meu jugo e aprendei de mim, porque sou manso e humilde de coração; e encontrareis descanso para as vossas almas. Pois o meu jugo é suave, e minha carga é leve.

A parábola do bom samaritano *(Lc 10:25)*

E eis que um certo estudioso da Lei se levantou, tentando-o e dizendo: Mestre, o que devo fazer para herdar a vida eterna? E ele lhe disse: O que está escrito na Lei? Como tu a lês? E respondendo ele, disse: Amarás ao Senhor teu Deus de todo teu coração, e de toda tua alma, e de todas tuas forças, e de todo teu entendimento; e amarás a teu próximo como a ti mesmo. E disse-lhe: Respondeste bem; faze isso, e viverás. Mas ele, querendo se justificar, disse a Jesus: E quem é o meu próximo?

E respondendo Jesus, disse: Um homem descia de Jerusalém a Jericó, e foi atacado por assaltantes, que também tiraram suas roupas, espancaram-no, e se foram deixando-o meio morto. E por acaso descia um sacerdote pelo mesmo caminho, e vendo-o, passou longe dele. E semelhantemente também um levita, chegando junto a aquele lugar, veio, e vendo-o, passou longe dele. Porém um samaritano, que ia pelo caminho, veio junto a ele, e vendo-o, teve compaixão dele. E chegando-se, amarrou-lhe um curativo nas feridas, pondo-lhe nelas azeite e vinho; e pondo-o sobre o animal que o transportava, levou-o para uma hospedaria, e cuidou dele. E partindo-se no outro dia, tirou dois dinheiros, e os deu para o hospedeiro; e disse-lhe: Cuidai dele; e tudo o que gastares a mais, eu te pagarei quando voltar. Quem, pois, destes três te parece que foi o próximo daquele que foi atacado por assaltantes? Ele disse: Aquele que agiu tendo misericórdia com ele. Então Jesus lhe disse: Vai, e faze da mesma maneira.

Jesus com Maria e Marta (Lc 10:38)

E aconteceu que, enquanto eles caminhavam, ele entrou em uma aldeia; e uma mulher, de nome Marta, o recebeu em sua casa. E esta tinha uma irmã, chamada Maria, a qual, sentando-se também aos pés de Jesus, ouvia sua palavra. Marta, porém, ficava muito ocupada com muitos serviços; e ela, vindo, disse: Senhor, não te importas que minha irmã me deixe sozinha para servir? Dize a ela, pois, que me ajude.

E respondendo Jesus, disse-lhe: **Marta, Marta, tu estás preocupada com muitas coisas, e perturbada por elas; mas somente uma coisa é necessária.** E Maria escolheu a parte boa, a qual não lhe será tirada.

Ensinando a oração dominical (Lc 11:1)

E aconteceu que ele estava orando em um certo lugar. Quando terminou, lhe disse um de seus discípulos: Senhor, ensina-nos a orar, como João também ensinou a seus discípulos. E Ele lhes disse: Quando orardes, dizei:

"Pai nosso, que estás nos céus, santificado seja o vosso nome; venha a nós o vosso Reino; seja feita a tua vontade, assim na terra como no céu. O pão nosso de cada dia nos daí hoje. E perdoa-nos os nossos pecados, assim como nós perdoamos os nossos devedores. E não nos deixes cair em tentação, mas livra-nos do mal. "

A incredulidade dos judeus (Jo 10:22)

E era a festa da dedicação do Templo em Jerusalém, e era inverno. E andava Jesus passeando no Templo, na entrada de Salomão. Rodearam-no, então, os Judeus, e lhe disseram: Até quando farás nossa alma em dúvida? Se tu és o Cristo, dize-nos abertamente.

Respondeu-lhes Jesus: Já vos tenho dito, e não credes. As obras que eu faço em nome de meu Pai, essas testemunham de mim. Mas vós não credes, porque não sois minhas ovelhas, como já vos tenho dito. Minhas ovelhas ouvem minha voz, e eu as conheço, e elas me seguem. E **eu lhes dou a vida eterna, e para sempre não perecerão**, e ninguém as arrancará de minha mão. Meu Pai, que as deu para mim, é maior que todos; e ninguém pode arrancá-las da mão de meu Pai.

Eu e o Pai somos um. Voltaram, pois, os Judeus a tomar pedras para o apedrejarem. Respondeu-lhes Jesus: Muitas boas obras de meu Pai vos tenho mostrado; por qual obra destas me apedrejais? Responderam-lhe os judeus dizendo: Por boa obra não te apedrejamos, mas pela blasfêmia; e porque sendo tu homem, a ti mesmo te fazes Deus.

Respondeu-lhes Jesus: Não está escrito em vossa Lei: Eu disse: Sois deuses? Pois se a Lei chamou deuses a aqueles, para quem a palavra de Deus foi feita, e a Escritura não pode ser quebrada; A mim, a quem o Pai santificou, e ao mundo enviou, dizeis vós: Blasfemas; porque disse: Sou Filho de Deus? Se não faço as obras de meu Pai, não creiais em mim. Porém se eu as faço, e não credes em mim, crede nas obras; para que conheçais e creiais que o Pai está em mim, e eu nele. Então procuravam outra vez prendê-lo; e ele saiu de suas mãos.

Muitos creram Nele (Jo 10:40)

E voltou a ir para o outro lado do Jordão, ao lugar onde João primeiro batizava; e ficou ali. E muitos vinham a ele, e diziam: Em verdade que nenhum sinal fez João; mas tudo quanto João disse deste, era verdade. E muitos ali creram nele.

A porta estreita (Lc 13:22)

E andava de cidade em cidade, e de aldeia em aldeia ensinando, e caminhando para Jerusalém. E disse-lhe um: Senhor, são também poucos os que se salvam? E ele lhes disse: **Trabalhai para entrar pela porta estreita**; porque eu vos digo, que muitos procuraram entrar, e não puderam. Porque quando o chefe da casa se levantar, e fechar a porta, e se estiverdes de fora, e começardes a bater à porta, dizendo: Senhor, senhor, abre-nos!

E respondendo ele, vos disser: Não vos conheço, nem sei de onde vós sois. Então começareis a dizer: Em tua presença temos comido e bebido, e tens ensinado em nossas ruas. E ele dirá: Digo-vos que não vos conheço, nem sei de onde vós sois; afastai-vos de mim, vós todos praticantes de injustiça. Ali haverá choro e ranger de dentes, quando virdes a Abraão, a Isaque, a Jacó, e a todos os profetas no Reino de Deus; mas vós sendo lançados fora. E virão pessoas do oriente, e do ocidente, e do Norte, e do Sul, e se sentarão à mesa no Reino de Deus. **E eis que há alguns dos últimos que serão primeiros, e há alguns dos primeiros que serão últimos.**

Naquele mesmo dia, chegaram uns fariseus, dizendo-lhe: Sai, e vai-te daqui, porque Herodes quer te matar. E disse-lhes: Ide, e dizei a aquela raposa: eis que expulso demônios, e faço curas hoje e amanhã, e ao terceiro dia eu terei terminado.

Porém é necessário que hoje, e amanhã, e no dia seguinte eu caminhe; porque um profeta não pode morrer fora de Jerusalém. Jerusalém, Jerusalém, que matas aos profetas, e apedrejas aos que te são enviados: quantas vezes eu quis juntar teus filhos, como a galinha junta seus pintos debaixo de suas asas, e não quisestes? Eis que vossa casa é deixada deserta para vós. E em verdade vos digo, que não me vereis até que venha o tempo em que digais: Bendito aquele que vem no nome do Senhor.

É lícito curar no sábado? (Lc 14:1)

E aconteceu que, entrando ele num sábado para comer pão na casa de um dos chefes dos fariseus, eles estavam o observando. E eis que um certo homem com o corpo inchado estava ali diante dele. E respondendo Jesus, falou aos estudiosos da Lei, e aos fariseus, dizendo: É lícito curar no sábado? Porém eles ficaram calados; e ele, tomando-o, o curou, e o despediu. E ele, respondendo-lhes, disse: De qual de vós cairá o jumento, ou o boi em algum poço que, mesmo no sábado, não o tire logo? E nada podiam lhe responder a estas coisas.

Os primeiros lugares (Lc 14:7)

E vendo como os convidados escolhiam os primeiros assentos, disse-lhes uma parábola: Quando fores convidados para o casamento de alguém, não te sentes no primeiro assento, para que não aconteça de outro convidado mais digno que tu estiver, e venha o que convidou a ti e a ele, e te diga: Dá lugar a este; e então, com vergonha, tenhas que tomar o último lugar. Mas quando fores convidado, vai, e senta-te no último lugar; para que quando vier o que te convidou, te diga: Amigo, sobe para este assento melhor. Então terás honra diante dos que estiverem sentados contigo à mesa.

Porquanto **qualquer que a si mesmo se exaltar será humilhado, e aquele que a si mesmo se humilhar será exaltado.** E dizia também ao que tinha lhe convidado: Quando fizeres um jantar, ou uma ceia, não chames a teus amigos, nem a teus irmãos, nem a teus parentes, nem a teus vizinhos ricos, para que eles também em algum tempo não te convidem de volta, e tu sejas recompensado. Mas quando fizeres convite, chama aos pobres, aleijados, mancos e cegos. E serás bem-aventurado, porque eles não têm como te recompensar; pois tu serás recompensado na ressurreição dos justos.

A parábola da grande ceia (Lc 14:15)

E um dos que juntamente estavam sentados à mesa, ouvindo isto, disse-lhe: Bem-aventurado aquele que comer pão no Reino de Deus. Porém ele lhe disse: Um certo homem fez um grande jantar, e convidou a muitos. E na hora do jantar, mandou seu servo para dizer aos convidados: Vinde, que tudo já está preparado. E cada um deles todos começaram a dar desculpas. O primeiro lhe disse: Comprei um campo, e tenho que ir vê-lo; peço-te desculpas. E outro disse: Comprei cinco pares de bois, e vou testá-los; peço-te desculpas. E outro disse: Casei-me com uma mulher, e, portanto, não posso vir. E aquele servo, ao voltar, anunciou estas coisas a seu senhor. Então o chefe da casa, irritado, disse a seu servo: Sai depressa pelas ruas e praças da cidade, e traze aqui aos pobres, e aleijados, e mancos e cegos. E o servo disse: Senhor, está feito como mandaste, e ainda há lugar. E o senhor disse ao servo: Sai pelos caminhos, e trilhas, e força-os a entrar, para que minha casa se encha. Porque eu vos digo, que nenhum daqueles homens que foram convidados experimentará da minha ceia.

Como ser um discípulo (Lc 14:25)

E muitas multidões iam com ele; e virando-se, disse-lhes: Se alguém vier a mim, e não odiar a seu pai, e mãe, e mulher, e filhos, e irmãos, e irmãs, e ainda também sua própria vida, não pode ser meu discípulo. E qualquer que não levar sua cruz, e vier após mim, não pode ser meu discípulo. Porque qual de vós, querendo edificar uma torre, não se senta primeiro para fazer as contas dos gastos, para ver se tem o suficiente para a completar? Para que não aconteça que, depois de ter posto seu fundamento, e não podendo a completar, comecem a escarnecer dele todos os que o virem, dizendo: Este homem começou a construir, e não pôde terminar.

Ou qual rei, indo à guerra para lutar contra outro rei, não se senta primeiro para consultar, se pode ir ao encontro com dez mil soldados, vindo contra ele vinte mil? Se não puder, estando o outro ainda longe, manda-lhe representantes diplomáticos, e roga pela paz.

Assim, portanto, **qualquer de vós que não renuncia a tudo, não pode ser meu discípulo.** Bom é o sal; porém se o sal perder o sabor, com o que ele será temperado? Nem para a terra, nem para adubo serve; lançam-no fora. Quem tem ouvidos para ouvir, ouça.

⚜ *As parábolas das ovelhas e da dracma perdida* (Lc 15:1)

E chegavam-se a ele todos os cobradores de impostos e pecadores para o ouvirem. E os fariseus e escribas murmuravam, dizendo: Este recebe aos pecadores, e come com eles.

E ele lhes propôs esta parábola, dizendo: Quem de vós, tendo cem ovelhas, e perdendo uma delas, não deixa no deserto as noventa e nove, e vai em busca da perdida, até que a encontre? E encontrando-a, não a ponha sobre seus ombros, com alegria? E vindo para casa, não convoque aos amigos, e vizinhos, dizendo-lhes: Alegrai-vos comigo, porque já achei minha ovelha perdida? Digo-vos, que assim haverá mais alegria no céu por um pecador que se arrepende, do que por noventa e nove justos que não precisam de arrependimento. Ou que mulher, tendo dez moedas de prata, se perder a uma moeda, não acende a lâmpada, e varre a casa, e busca cuidadosamente até a achar? E achando-a, não chame as amigas e as vizinhas, dizendo: Alegrai-vos comigo, porque já achei a moeda perdida! Assim vos digo, que há alegria diante dos anjos de Deus por um pecador que se arrepende.

⚜ *A parábola do filho pródigo* (Lc 15:11)

E disse: Um certo homem tinha dois filhos. E disse o mais jovem deles ao pai: Pai, dá-me a parte dos bens que me pertencem. E ele lhe repartiu os bens. E depois de não muitos dias, o filho mais jovem, juntando tudo, partiu-se para uma terra distante, e ali desperdiçou seus bens, vivendo de forma irresponsável. E ele, tendo já gastado tudo, houve uma grande fome naquela terra, e ele começou a sofrer necessidade. Então foi e se chegou a um dos cidadãos daquela terra; e este o mandou a seus campos para alimentar porcos. E ele ficava com vontade de encher seu estômago com os grãos que os porcos comiam, mas ninguém as dava para ele.

E ele, pensando consigo mesmo, disse: Quantos empregados de meu pai tem pão em abundância, e eu aqui morro de fome! Eu levantarei, e irei a meu pai, e lhe direi: Pai, pequei contra o céu, e diante de ti. E já não sou digno de ser chamado teu filho; faze-me como a um de teus empregados. E levantando-se, foi a seu pai. E quando ainda estava longe, o seu pai o viu, e teve compaixão dele; e correndo, caiu ao seu pescoço, e o beijou. E o filho lhe disse: **Pai, pequei contra o céu, e diante de ti; e já não sou digno de ser chamado teu filho.** Mas o pai disse a seus servos: Trazei a melhor roupa, e o vesti; e coloques um anel em sua mão, e sandálias nos seus pés. E trazei o bezerro engordado, e o matai; e comamos, e nos alegremos. Porque este meu filho estava morto, e reviveu; tinha se perdido, e foi achado. E começaram a se alegrar.

E seu filho mais velho estava no campo; e quando veio, chegou perto da casa, ouviu a música, e as danças. E chamando para si um dos servos, perguntou-lhe: O que era aquilo? E ele lhe disse: Teu irmão chegou; e teu pai matou o bezerro engordado, porque ele voltou são. Porém ele se irritou, e não queria entrar. Então o seu pai, saindo, rogava-lhe que entrasse. Mas o filho respondendo, disse ao pai: Eis que eu te sirvo há tantos anos, e nunca desobedeci a tua ordem, e nunca me deste um cabrito, para que eu me alegrasse com meus amigos. Porém, vindo este teu filho, que gastou teus bens com prostitutas, tu lhe mataste o bezerro engordado. E ele lhe disse: Filho, tu sempre estás comigo, e todas as minhas coisas são tuas. **Mas era necessário se alegrar e animar; porque este teu irmão estava morto, e reviveu; e tinha se perdido, e foi encontrado.**

A parábola do mordomo infiel (Lc 16:1)

E dizia também a seus discípulos: Havia um certo homem rico, o qual tinha um mordomo; e este lhe foi acusado de fazer perder seus bens. E ele, chamando-o, disse-lhe: Como ouço isto sobre ti? Presta contas de teu trabalho, porque não poderás mais ser meu mordomo. E disse o mordomo para si mesmo: O que farei, agora que, meu senhor, está me tirando o trabalho de mordomo? Cavar eu não posso; mendigar eu tenho vergonha. Eu sei o que farei, para que, quando eu for expulso do meu trabalho de mordomo, me recebam em suas casas.

E chamando a si a cada um dos devedores de seu senhor, disse ao primeiro: Quanto deves a meu senhor? E ele disse: Cem medidas de azeite.

84

E disse-lhe: Pega a tua conta, senta, e escreve logo cinquenta. Depois disse a outro: E tu, quanto deves? E ele disse: Cem volumes de trigo. E disse-lhe: Toma tua conta, e escreve oitenta.

E aquele senhor elogiou o injusto mordomo, por ter feito prudentemente; porque os filhos deste mundo são mais prudentes do que os filhos da luz com esta geração. E eu vos digo: fazei amigos para vós com as riquezas da injustiça, para que quando vos faltar, vos recebam nos tabernáculos eternos.

Quem é fiel no mínimo, também é fiel no muito; e quem é injusto no mínimo, também é injusto no muito. Pois se nas riquezas da injustiça não fostes fiéis, quem vos confiará as verdadeiras riquezas? E se nas coisas dos outros não fostes fiéis, quem vos dará o que é vosso? Nenhum servo pode servir a dois senhores; porque ou irá odiar a um, e a amar ao outro; ou irá se achegar a um, e desprezar ao outro. Não podeis servir a Deus e às riquezas. E os fariseus também ouviram todas estas coisas, eles que eram avarentos. E zombaram dele.

⤙ *A autoridade da lei* (Lc 16:15)

E disse-lhes: Vós sois os que justificais a vós mesmos diante dos homens; mas Deus conhece vossos corações. Porque o que é excelente para os homens é odiável diante de Deus. A Lei e os profetas foram até João; desde então, o Reino de Deus é anunciado, todo homem tenta entrar nele pela força. **E é mais fácil passar o céu e a terra do que cair um traço de alguma letra da Lei.** Qualquer que deixa sua mulher, e casa com outra, adultera; e qualquer que se casa com a deixada pelo marido, também adultera.

⤙ *O Rico e Lázaro* (Lc 16:19)

Havia, porém, um certo homem rico, e vestia-se de púrpura, e de linho finíssimo, e festejava todo dia com luxo. Havia também um certo mendigo, de nome Lázaro, o qual ficava deitado à sua porta cheio de feridas. E desejava se satisfazer com as migalhas que caíam da mesa do rico; porém vinham também os cães, e lambiam suas feridas.

E aconteceu que o mendigo morreu, e foi levado pelos anjos para o colo de Abraão. E o rico também morreu, e foi sepultado. E estando no inferno em tormentos, ele levantou seus olhos, e viu a Abraão de longe, e a Lázaro em seu colo.

E ele, chamando, disse: Pai Abraão, tem misericórdia de mim, e manda a Lázaro que molhe a ponta de seu dedo na água, e refresque a minha língua; porque estou sofrendo neste fogo.

Porém Abraão disse: Filho, lembra-te que em tua vida recebeste teus bens, e Lázaro do mesmo jeito recebeu males. E agora este é consolado, e tu és atormentado. E, além de tudo isto, um grande abismo está posto entre nós e vós, para os que quisessem passar daqui para vós não possam; nem também os daí passarem para cá.

E disse ele: Rogo-te, pois, ó pai, que o mandes à casa de meu pai. Porque tenho cinco irmãos, para que lhes dê testemunho; para que também não venham para este lugar de tormento. Disse-lhe Abraão: Eles têm a Moisés e aos profetas, ouçam-lhes. E ele disse: Não, Pai Abraão; mas se alguém dos mortos fosse até eles, eles se arrependeriam. Porém Abraão lhe disse: Se não ouvem a Moisés e aos profetas, também não se deixariam convencer, ainda que alguém ressuscite dos mortos.

A vinda súbita do reino (Lc 17:20)

E perguntado pelos fariseus sobre quando o Reino de Deus viria, respondeu-lhes e disse: O Reino de Deus não vem com aparência visível. Nem dirão: Eis aqui, ou Eis ali, porque eis que o Reino de Deus está entre vós.

E disse aos discípulos: Dias virão, quando desejareis ver um dos dias do Filho do homem, e não o vereis. E vos dirão: Eis que ele está aqui, ou eis que ele está ali, não vades, nem sigais. Porque como o relâmpago, que relampeja desde o começo do céu, e brilha até ao fim do céu, assim será também o Filho do homem em seu dia.

Mas é necessário primeiro sofrer muito, e ser rejeitado por esta geração. E como aconteceu nos dias de Noé, assim será também nos dias do Filho do homem. Comiam, bebiam, se casavam, e se davam em casamento, até o dia em que Noé entrou na arca; e veio o dilúvio, e destruiu a todos.

Como também da mesma maneira aconteceu nos dias de Ló, comiam, bebiam, compravam, vendiam, plantavam e construíam. Mas o dia em que Ló saiu de Sodoma, choveu fogo e enxofre do céu, e destruiu a todos. Assim será também no dia em que o Filho do homem se manifestar.

Naquele dia, o que estiver no telhado, e suas ferramentas em casa, não desça para pegá-las; e o que estiver no campo, não volte para trás. Lembrai-vos da mulher de Ló. **Qualquer que procurar salvar sua vida a perderá; e qualquer que a perder, irá salvá-la.**

Digo-vos que naquela noite, dois estarão em uma cama; um será tomado, e o outro será deixado. Duas estarão juntas moendo; uma será tomada, e a outra será deixada. Dois estarão no campo; um será tomado, e o outro será deixado. E respondendo, disseram-lhe: Onde, Senhor? E ele lhes disse: Onde estiver o corpo, ali os abutres se juntarão.

·✠· *A parábola do juiz injusto (Lc 18:1)*

E Jesus lhes disse também uma parábola sobre o dever de sempre orar, e nunca se cansar. Dizendo: Havia um certo juiz em uma cidade, que não temia a Deus, nem respeitava pessoa alguma.

Havia também naquela mesma cidade uma certa viúva, e vinha até ele, dizendo: Faze-me justiça com meu adversário. E por um certo tempo ele não quis; mas depois disto, disse para si: Ainda que eu não tema a Deus, nem respeite pessoa alguma, porém, porque esta viúva me incomoda, eu lhe farei justiça, para que ela pare de vir me importunar.

E disse o Senhor: Ouvi o que diz o juiz injusto. **E Deus não fará justiça para seus escolhidos, que clamam a ele de dia e de noite?** Demorará com eles? Digo-vos que depressa lhes fará justiça. Porém, quando o Filho do homem vier, por acaso ele achará fé na terra?

·✠· *A parábola do fariseu e do cobrador de impostos (Lc 18:9)*

E disse também a uns, que tinham confiança de si mesmos que eram justos, e desprezavam aos outros, esta parábola: Dois homens subiram ao Templo para orar, um fariseu, e o outro cobrador de impostos. O fariseu, estando de pé, orava consigo desta maneira: Ó Deus, eu te agradeço, porque não sou como os outros homens, ladrões, injustos e adúlteros; nem sou como este cobrador de impostos. Jejuo duas vezes por semana, e dou dízimo de tudo quanto possuo.

E o cobrador de impostos, estando em pé de longe, nem mesmo queria levantar os olhos ao céu, mas batia em seu peito, dizendo: Ó Deus, tem misericórdia de mim, que sou pecador. Digo-vos que este desceu mais justificado à sua casa do que aquele outro; porque qualquer que a si mesmo se exalta, será humilhado; e qualquer que a si mesmo se humilha, será exaltado.

A parábola dos trabalhadores da vinha (Mt 20:1)

Pois o reino dos céus é semelhante a um homem, dono de propriedade, que saiu de madrugada para empregar trabalhadores para a sua vinha. Ele entrou em acordo com os trabalhadores por um denário ao dia, e os mandou à sua vinha. E quando saiu perto da hora terceira, viu outros que estavam desocupados na praça.

Então disse-lhes: "Ide vós também à vinha, e vos darei o que for justo". E eles foram. Saindo novamente perto da hora sexta e nona, fez o mesmo. E quando saiu perto da décima primeira hora, achou outros que estavam desocupados, e lhes perguntou: "Por que estais aqui o dia todo desocupados? Eles lhe disseram: "Porque ninguém nos empregou". Ele lhes respondeu: "Ide vós também à vinha, e recebereis o que for justo". E chegando ao anoitecer, o senhor da vinha disse ao seu mordomo: "Chama aos trabalhadores, e paga-lhes o salário, começando dos últimos, até os primeiros".

Então vieram os de cerca da hora décima primeira, e receberam um denário cada um. Quando os primeiros vieram, pensavam que receberiam mais; porém eles também receberam um denário cada um. Assim, ao receberem, murmuraram contra o chefe de casa, dizendo: "Estes últimos trabalharam uma única hora, e tu os igualaste conosco, que suportamos a carga e o calor do dia".

Ele, porém, respondeu a um deles: "Amigo, nada de errado estou fazendo contigo. Não concordaste tu comigo por um denário? Toma o que é teu, e vai embora; e quero dar a este último tanto quanto a ti. Acaso não me é lícito fazer do que é meu o que eu quiser? Ou o teu olho é mau, porque eu sou bom?" Assim os últimos serão primeiros; e os primeiros, últimos; pois muitos são chamados, mas poucos escolhidos.

Jesus avisa aos discípulos da doença de Lázaro (Jo 11:11)

Ele falou estas coisas; e depois disto, disse-lhes: Lázaro, nosso amigo, dorme; mas vou para despertá-lo do sono. Disseram, pois, seus discípulos: Senhor, se ele dorme, será salvo. Mas Jesus dizia isto de sua morte; porém eles pensavam que falava do repouso do sono. Então pois lhes disse Jesus claramente: Lázaro está morto. E me alegro, por causa de vós, que eu não estivesse lá, para que creiais; porém vamos até ele. Disse, pois, Tomé, chamado o Dídimo, aos colegas discípulos: Vamos nós também, para que com ele morramos.

Marta lamenta a Jesus *(Jo 11:17)*

Vindo, pois, Jesus, encontrou que já havia quatro dias que estava na sepultura. E Betânia era como quase quinze estádios de Jerusalém.

E muitos dos judeus tinham vindo até Marta e Maria, para consolá-las por seu irmão. Ouvindo, pois, Marta que Jesus vinha, saiu-lhe ao encontro; mas Maria ficou sentada em casa. Disse, pois, Marta a Jesus: Senhor, se tu estivesses aqui, meu irmão não teria morrido. Porém também sei agora, que tudo quanto pedires a Deus, Deus o dará a ti. Disse-lhe Jesus: Teu irmão ressuscitará. Marta lhe disse: Eu sei que ele ressuscitará, na ressurreição, no último dia. Disse-lhe Jesus: **Eu sou a ressurreição, e a vida; quem crê em mim, ainda que esteja morto, viverá.** E todo aquele que vive, e crê em mim, para sempre não morrerá. Crês nisto? Disse-lhe ela: Sim, Senhor; já cri que tu és o Cristo, o Filho de Deus, que viria ao mundo.

Maria também lamenta a Jesus *(Jo 11:28)*

E dito isto, ela se foi, e chamou em segredo a Maria, sua irmã, dizendo: Aqui está o Mestre, e ele te chama. Ouvindo ela isto, logo se levantou, e foi até ele. Porque Jesus ainda não havia chegado à aldeia; mas estava no lugar onde Marta lhe saíra ao encontro. Vendo, pois, os judeus que com ela estavam em casa, e a consolavam, que Maria com pressa se levantara, e saíra, seguiram-na, dizendo: Ela vai para a sepultura, para chorar lá. Vindo, pois, Maria aonde Jesus estava, e vendo-o, caiu a seus pés, dizendo-lhe: Senhor, se tu estivesses aqui, meu irmão não teria morrido. Quando Jesus a viu chorar, e aos judeus, que vinham chorando com ela, comoveu-se em espírito, e ficou perturbado. E disse: Onde o pusestes? Disseram-lhe: Senhor, vem e vê. Jesus chorou.

Disseram, pois, os Judeus: Vede como ele o amava! E alguns deles disseram: Não podia este, que abriu os olhos ao cego, ter feito também que este não morresse?

Jesus ressuscita Lázaro *(Jo 11:38)*

Comovendo-se, pois Jesus outra vez em si mesmo, veio à sepultura; e era esta uma caverna, e estava uma pedra posta sobre ela. Disse Jesus: Tirai a pedra. Marta, a irmã do morto, disse-lhe: Senhor, já cheira mal, porque já é de quatro dias. Jesus disse-lhe: Não te disse, que **se creres, verás a glória de Deus?** Tiraram, pois, a pedra de onde o morto jazia.

E Jesus levantou os olhos para cima, e disse: Pai, graças te dou, porque me tens ouvido. Porém eu bem sabia que sempre me ouves; mas por causa da multidão, que está ao redor, assim disse; para que creiam que tu me enviaste. E havendo dito isto, clamou com grande voz: Lázaro, sai fora. E o que estava morto saiu, com as mãos e os pés atados, e seu rosto envolto em um lenço. Disse-lhes Jesus: Desatai-o, e deixai-o ir.

Planejam matar Jesus *(Jo 11:45)*

Pelo que, muitos dos Judeus, que tinham vindo a Maria, e haviam visto o que Jesus fizera, creram nele. Mas alguns deles foram aos fariseus, e lhes disseram o que Jesus havia feito. Então os sacerdotes e os fariseus juntaram o conselho, e disseram: Que faremos? Porque este homem faz muitos sinais. Se assim o deixamos, todos crerão nele, e virão os romanos, e nos tomarão tanto o lugar quanto a nação. E Caifás, um deles, que era sumo sacerdote daquele ano, lhes disse: Vós nada sabeis; nem **considerais que nos convém, que um homem morra pelo povo, e toda a nação não pereça.** E ele não disse isto de si mesmo; mas que, como era o sumo sacerdote daquele ano, profetizou que Jesus morreria pelo povo. E não somente por aquele povo, mas também para que juntasse em um aos filhos de Deus, que estavam dispersos. Então desde aquele dia se aconselhavam juntos para o matarem.

Jesus se retira *(Jo 11:54)*

De maneira que Jesus já não andava mais abertamente entre os judeus, mas foi-se dali para a terra junto ao deserto, a uma cidade chamada Efraim; e ali andava com seus discípulos.

O divórcio *(Mt 19:3)*

Então os fariseus se aproximaram dele e, provando-o, perguntaram-lhe: É lícito ao homem se divorciar da sua mulher por qualquer causa? Porém ele lhes respondeu: Não tendes lido que aquele que os fez no princípio, macho e fêmea os fez, e disse: Portanto o homem deixará pai e mãe, e se unirá a sua mulher, e os dois serão uma única carne? Assim eles já não são mais dois, mas sim uma única carne; portanto, o que Deus juntou, o homem não separe.

Eles lhe disseram: Por que, pois, Moisés os mandou dar carta de separação, e divorciar-se dela? Jesus lhes disse: Por causa da dureza dos vossos corações Moisés vos permitiu divorciardes de vossas mulheres; mas no princípio não foi assim.

Porém eu vos digo que qualquer um que se divorciar de sua mulher, a não ser por causa de pecado sexual, e se casar com outra, adultera; e o que se casar com a divorciada também adultera.

Os seus discípulos lhe disseram: Se assim é a condição do homem com a mulher, não convém se casar. Porém ele lhes disse: Nem todos recebem esta palavra, a não ser aqueles a quem é dado; pois há castrados que nasceram assim do ventre da mãe; e há castrados que foram castrados pelos homens; e há castrados que castraram a si mesmos por causa do Reino dos céus. Quem pode receber isto, receba.

Jesus abençoa as crianças *(Mc 10:13)*

E lhe traziam crianças para que ele as tocasse, mas os discípulos repreendiam aos que as traziam. Porém Jesus, vendo, indignou-se, e lhe disse: Deixai vir as crianças a mim, e não as impeçais; porque das tais é o Reino de Deus. **Em verdade vos digo, que qualquer um que não receber o Reino de Deus como criança, em maneira nenhuma nele entrará.** E tomando-as entre seus braços, pondo as mãos sobre elas, ele as abençoou.

O jovem rico *(Mt 19:16)*

E eis que alguém se aproximou, e perguntou-lhe: Bom Mestre, que bem-farei para eu ter a vida eterna? E ele lhe disse: Por que me chamas bom? Ninguém há bom, a não ser um: Deus. Porém se queres entrar na vida, guarda os mandamentos. Perguntou-lhe ele: Quais? E Jesus respondeu: Não cometerás homicídio, não adulterarás, não furtarás, não darás falso testemunho; honra ao teu pai e à tua mãe; e **amarás ao teu próximo como a ti mesmo.** O rapaz lhe disse: Tenho guardado tudo isso desde a minha juventude. Que me falta ainda? Disse-lhe Jesus: Se queres ser perfeito, vai, vende o que tens, e dá aos pobres. Assim terás um tesouro no céu. Então vem, segue-me. Mas quando o rapaz ouviu esta palavra, foi embora triste, porque tinha muitos bens.

O amor as riquezas (Mt 19:23)

Jesus, então, disse aos seus discípulos: Em verdade vos digo que dificilmente o rico entrará no reino dos céus. Aliás, eu vos digo que é mais fácil um camelo passar pela abertura de uma agulha do que o rico entrar no reino de Deus. Quando os seus discípulos ouviram isso, espantaram-se muito, e disseram: Quem, pois, pode se salvar? Jesus olhou para eles, e lhes respondeu: Para o homem, isto é impossível; mas para Deus tudo é possível.

Deixar as coisas do mundo (Mt 19:27)

Então Pedro se pôs a falar, e lhe perguntou: Eis que deixamos tudo, e te seguimos; o que, pois, conseguiremos ter? E Jesus lhes disse: Em verdade vos digo que vós que me seguistes, na recreação, quando o Filho do homem se sentar no trono de sua glória, vós também vos sentareis sobre doze tronos, para julgar as doze tribos de Israel. E qualquer um que houver deixado casas, ou irmãos, ou irmãs, ou pai, ou mãe, ou mulher, ou filhos, ou terras por causa do meu nome, **receberá cem vezes tanto, e herdará a vida eterna.** Porém muitos primeiros serão últimos; e últimos, primeiros.

Novamente Jesus prediz a Sua morte (Mt 20:17)

E enquanto Jesus subia a Jerusalém, tomou consigo os doze discípulos à parte no caminho, e lhes disse: Eis que estamos subindo a Jerusalém, e o Filho do homem será entregue aos chefes dos sacerdotes e aos escribas, e o condenarão à morte. E o entregarão aos gentios, para que dele escarneçam, e o açoitem, e crucifiquem; mas ao terceiro dia ressuscitará.

O pedido da mãe de Tiago e João (Mt 20:20)

Então se aproximou dele a mãe dos filhos de Zebedeu, com os seus filhos. Ela o adorou para lhe pedir algo. E ele lhe perguntou: O que queres? Ela lhe disse: Dá ordem para que estes meus dois filhos se sentem, um à tua direita e outro à tua esquerda, no teu Reino.

Porém Jesus respondeu: Não sabeis o que pedis. Podeis vós beber o cálice que eu beberei, e ser batizados com o batismo com que eu sou batizado? Eles lhe disseram: Podemos. E ele lhes disse: De fato meu cálice bebereis, e com o batismo com que eu sou batizado sereis batizados; mas sentar-se à minha direita, e à minha esquerda, não me cabe concedê-lo, mas será para os que por meu Pai está preparado.

⁃✠⁃ *Sobre a humildade* (Mt 20:24)

E quando os dez ouviram isso, indignaram-se contra os dois irmãos. Então Jesus os chamou a si, e disse: Vós bem sabeis que os chefes dos gentios os dominam, e os grandes usam de autoridade sobre eles. Mas não será assim entre vós. Ao contrário, quem quiser se tornar grande entre vós seja o vosso assistente; e quem quiser ser o primeiro entre vós seja o vosso servo; assim como **o Filho do homem não veio para ser servido, mas sim para servir, e para dar a sua vida em resgate por muitos.**

⁃✠⁃ *Zaqueu recebe Jesus* (Lc 19:1)

E Jesus entrou e foi passando por Jericó. E eis que havia ali um homem, chamado pelo nome de Zaqueu, e este era chefe dos cobradores de impostos, e era rico. E procurava ver quem era Jesus, e não podia, por causa da multidão, pois era pequeno de altura.

E correndo com antecedência, subiu em uma árvore de frutos que parecem figos, para o ver; porque ele passaria por ali. E quando Jesus chegou a aquele lugar, olhando para cima, o viu, e disse-lhe: Zaqueu, apressa-te e desce; porque hoje é necessário que eu fique em tua casa.

E apressando-se, desceu, e o recebeu com alegria. E todos, vendo isto, murmuravam, dizendo: Ele entrou para se hospedar com um homem pecador.

E Zaqueu, levantando-se, disse ao Senhor: Senhor, eis que dou a metade de meus bens aos pobres; e se eu consegui algo enganando a alguém, eu o devolvo quatro vezes mais.

E Jesus lhe disse: Hoje houve salvação nesta casa, porque ele também é filho de Abraão. **Porque o Filho do homem veio para buscar, e para salvar o que se tinha perdido.**

O cego Bartimeu *(Mc 10:46)*

E vieram a Jericó. E saindo ele, e seus discípulos, e uma grande multidão de Jericó, estava Bartimeu o cego, filho de Timeu, sentado junto ao caminho, mendigando. E ouvindo que era Jesus o Nazareno, começou a clamar, e a dizer: Jesus, Filho de Davi! Tem misericórdia de mim! E muitos o repreendiam, para que se calasse; mas ele clamava ainda mais: Filho de Davi! Tem misericórdia de mim! E parando Jesus, disse que o chamassem; e chamaram ao cego, dizendo-lhe: Tem bom ânimo, levanta-te, ele te chama. E lançando ele sua capa, levantou-se, e veio a Jesus. E respondendo Jesus, disse-lhe: Que queres que eu te faça? E o cego lhe disse: Mestre, quero ver. E Jesus lhe disse: Vai a tua fé te salvou. E logo viu; e seguia a Jesus pelo caminho.

A parábola das dez minas *(Lc 19:11)*

E ouvindo eles estas coisas, Jesus prosseguiu, e disse uma parábola, porque estava perto de Jerusalém, e pensavam que logo o Reino seria manifesto. Disse, pois: Um certo homem nobre partiu para uma terra distante. E chamando dez servos seus, deu-lhes dez minas, e disse-lhes: Investi até que eu venha; E seus cidadãos o odiavam; e mandaram representantes depois dele, dizendo: Não queremos que este reine sobre nós. E aconteceu que, quando ele voltou, tendo tomado o reino, disse que lhe chamassem a aqueles servos, a quem tinha dado o dinheiro, para saber o que cada um tinha ganho fazendo investimentos.

E veio o primeiro, dizendo: Senhor, tua mina rendeu outras dez minas. E ele lhe disse: Ótimo, bom servo! Por teres sido fiel no pouco, terás autoridade sobre dez cidades. E veio o segundo, dizendo: Senhor, tua mina rendeu cinco minas. E disse também a este: E tu governarás cinco cidades.

E veio outro, dizendo: Eis aqui tua mina, que guardei em um lenço. Porque tive medo de ti, que és um homem rigoroso, que tomas o que não puseste, e colhes o que não semeaste. Porém ele lhe disse: Servo mau, por tua boca eu te julgarei; tu sabias que eu era um homem rigoroso, que tomo o que não pus, e que colho o que não semeei; por que, então, não puseste meu dinheiro no banco; e quando eu viesse, o receberia de volta com juros? E disse aos que estavam com ele: Tirai-lhe a mina, e dai-a ao que tem as dez minas.

E eles lhe disseram: Senhor, ele já tem dez minas. O senhor respondeu: Porque eu vos digo, que **todo aquele que tiver, lhe será dado; mas ao que não tiver, até o que tem, lhe será tirado.** Porém a aqueles meus inimigos, que não quiseram que eu reinasse sobre eles, trazei-os aqui, e matai-os diante de mim. E dito isto, ele foi caminhando adiante, subindo para Jerusalém.

Planejavam prender Jesus (Jo 11:55)

E estava perto a páscoa dos judeus, e muitos daquela terra subiram a Jerusalém antes da páscoa, para se purificarem. Buscavam, pois, a Jesus, e diziam uns aos outros estando no Templo: Que vos parece? Que ele não virá à festa? E os sacerdotes e os fariseus tinham dado ordem de que, se alguém soubesse onde ele estava, o denunciasse, para que o pudessem prender.

Maria unge Jesus (Jo 12:1, Mt 26:12)

Veio, pois, Jesus seis dias antes da páscoa a Betânia, onde estava Lázaro, o que havia morrido, a quem ressuscitara dos mortos. Fizeram-lhe, pois, ali uma ceia, e Marta servia; e Lázaro era um dos que juntamente com ele estavam sentados à mesa.

Tomando então Maria um arrátel de óleo perfumado de nardo puro, de muito preço, ungiu os pés de Jesus, e limpou os pés dele com seus cabelos; e encheu-se a casa do cheiro do óleo perfumado. Então disse Judas de Simão Iscariotes, um de seus discípulos, o que o trairia: Por que se não vendeu este óleo perfumado por trezentos dinheiros, e se deu aos pobres?

E isto disse ele, não pelo cuidado que tivesse dos pobres; mas porque era ladrão, e tinha a bolsa, e trazia o que se lançava nela. Disse, pois, Jesus: Deixa-a; para o dia de meu sepultamento guardou isto. Porque aos pobres sempre os tendes convosco; porém a mim não me tendes sempre. Pois ela, ao derramar este óleo perfumado sobre o meu corpo, ela o fez para preparar o meu sepultamento.

Em verdade vos digo que, onde quer que este Evangelho em todo o mundo for pregado, também se dirá o que ela fez, para que seja lembrada.

Planejam matar Lázaro *(Jo 12:9)*

Muita gente dos judeus soube pois, que ele estava ali; e vieram, não somente por causa de Jesus, mas também para verem a Lázaro, a quem ressuscitara dos mortos. E os chefes dos sacerdotes se aconselharam de também matarem a Lázaro, porque muitos dos judeus iam por causa dele, e criam em Jesus.

A última semana do ministério de Jesus

A multidão recebe Jesus - *O Domingo de palmas (Jo 12:12)*

No dia seguinte, ouvindo uma grande multidão, que viera à festa, que Jesus vinha a Jerusalém, tomaram ramos de plantas e lhe saíram ao encontro, e clamavam: *"Hosana! Bendito aquele que vem no nome do Senhor, o Rei de Israel!"*

Jesus envia dois discípulos em busca do jumentinho *(Mt 21:1)*

E quando se aproximaram de Jerusalém, e chegaram a Betfagé, ao monte das Oliveiras, então Jesus mandou dois discípulos, dizendo-lhes: Ide à aldeia em vossa frente, e logo achareis uma jumenta amarrada, e um jumentinho com ela; desamarra-a, e trazei-os a mim. E se alguém vos disser algo, direis: "O Senhor precisa deles, mas logo os devolverá".

Ora, tudo isto aconteceu para que se cumprisse o que foi dito pelo profeta, que disse: Dizei à filha de Sião: *"Eis que o teu rei vem a ti, manso, e sentado sobre um jumento; um jumentinho, filho de um animal de carga".* Os discípulos foram, e fizeram como Jesus havia lhes mandado; então trouxeram a jumenta e o jumentinho, puseram as suas capas sobre eles, e fizeram-no montar sobre elas.

A entrada triunfal *(Lc 19:37, Mt 21:8, Mc 11:9)*

E quando já chegava perto da descida do monte das Oliveiras, toda a multidão de discípulos, com alegria começou a louvar a Deus em alta voz, por todas as maravilhas que tinham visto, Dizendo: Bendito o Rei que vem em nome do Senhor; paz no céu, e glória nas alturas.

E alguns dos fariseus da multidão lhe disseram: Mestre, repreende a teus discípulos. E respondendo ele, disse-lhes: Digo-vos, que se estes se calarem, as pedras clamariam.

E uma grande multidão estendia suas roupas pelo caminho, e outros cortavam ramos das árvores, e os espalhavam pelo caminho.

E as multidões que iam adiante, e as que seguiam, clamavam: *"Hosana ao Filho de Davi! Bendito o que vem no nome do Senhor! Hosana nas alturas!"* *"Hosana, bendito o que vem no Nome do Senhor! Bendito o Reino de nosso Pai Davi, que vem no Nome do Senhor! Hosana nas alturas!"*

Jesus prediz a destruição de Jerusalém (Lc 19:41)

E quando já estava chegando, viu a cidade, e chorou por causa dela, dizendo: Ah, se tu também conhecesses, pelo menos neste teu dia, aquilo que lhe traria paz! Mas agora isto está escondido de teus olhos. Porque dias virão sobre ti, em que teus inimigos lhe cercarão com barricadas, e ao redor te sitiarão, e lhe pressionarão por todos os lados. E derrubarão a ti, e a teus filhos; e não deixarão em ti pedra sobre pedra, porque não conheceste o tempo em que foste visitada.

Jesus é reconhecido pela multidão (Mt 21:10, Jo 12:17)

Enquanto ele entrava em Jerusalém, toda a cidade se alvoroçou, perguntando: Quem é este? E as multidões respondiam: Este é Jesus, o Profeta de Nazaré de Galiléia. A multidão que estava com ele, testemunhava, que a Lázaro chamara da sepultura, e o ressuscitara dos mortos. Pelo que também a multidão lhe saiu ao encontro, porque ouvira que fizera este sinal. Disseram, pois, os fariseus entre si: Vedes que nada aproveitais? Eis que o mundo vai após ele.

Jesus regressa para Betânia (Mc 11:11)

E Jesus entrou em Jerusalém, e no Templo; e havendo visto tudo ao redor, e sendo já tarde, saiu-se para Betânia com os doze.

A figueira sem frutos (Mc 11:12)

E no dia seguinte, saindo eles de Betânia, teve fome. E vendo de longe uma figueira, que tinha folhas, veio ver se acharia alguma coisa nela; e chegando a ela, nada achou, a não serem folhas; porque não era tempo de figos. E respondendo Jesus, disse-lhe: Nunca mais ninguém coma fruto de ti. E seus discípulos ouviram isto.

Jesus expulsa os mercadores – A segunda purificação (Mc 11:15)

E vieram a Jerusalém; e entrando Jesus no Templo, começou a expulsar aos que vendiam e compravam no Templo; e revirou as mesas dos cambiadores, e as cadeiras dos que vendiam pombas. E não consentia que ninguém levasse vaso algum pelo Templo. E ensinava, dizendo-lhes: Não está escrito: **Minha casa será chamada casa de oração de todas as nações?** Mas vós a tendes feito esconderijo de assaltantes! E ouviram os escribas, e os chefes dos sacerdotes, e buscavam como o matariam; pois o temiam, porque toda a multidão estava espantada quanto a sua doutrina. E como já era tarde, Jesus saiu cidade.

Procuravam matá-Lo (Lc 19:47)

E ensinava diariamente no Templo; e os chefes dos sacerdotes, e os escribas, e os chefes do povo, procuravam matá-lo. E não achavam como fazer, porque todo o povo o ouvia com muita atenção.

O louvor das crianças (Mt 21:14)

E cegos e mancos vieram a ele no Templo, e ele os curou. Quando os chefes dos sacerdotes e os escribas viram as maravilhas que ele fazia, e as crianças gritando no Templo: "Hosana ao Filho de Davi!", eles ficaram indignados. E perguntaram-lhe: Ouves o que estas crianças dizem? E Jesus lhes respondeu: Sim. Nunca lestes: "Da boca das crianças e dos bebês tirastes o perfeito louvor?"

É chegada a hora (Jo 12:20)

E havia alguns gregos dos que haviam subido para adorarem na festa. Estes pois vieram a Filipe, que era de Betsaida de Galiléia, e rogaram-lhe, dizendo: Senhor, queríamos ver a Jesus. Veio Filipe, e disse-o a André; e André e Filipe o disseram a Jesus. Porém Jesus lhes respondeu, dizendo: Chegada é à hora em que o Filho do homem será glorificado. Em verdade, em verdade vos digo, **se o grão de trigo, ao cair na terra, não morrer, ele fica só; porém se morrer, dá muito fruto.** Quem ama sua vida a perderá; e quem neste mundo odeia sua vida, a guardará para a vida eterna.

Se alguém me serve, siga-me; e onde eu estiver, ali estará também meu servo. E se alguém me servir, o Pai o honrará. Agora minha alma está perturbada; e que direi? Pai, salva-me desta hora; mas por isso vim a esta hora. Pai, glorifica teu Nome. Veio, pois, uma voz do céu, que dizia: E já o tenho glorificado, e outra vez o glorificarei. A multidão, pois, que ali estava, e a ouviu, dizia que havia sido trovão. Outros diziam: Algum anjo falou com ele. Respondeu Jesus e disse: Esta voz não veio por causa de mim, mas sim por causa de vós.

Agora é o juízo deste mundo; agora será lançado fora o príncipe deste mundo. E eu, quando for levantado da terra, trarei todos a mim. E isto dizia, indicando de que morte ele morreria. Respondeu-lhe a multidão: Temos ouvido da Lei que o Cristo permanece para sempre; e como tu dizes que convém que o Filho do homem seja levantado? Quem é este Filho do homem? Disse-lhes, pois, Jesus: Ainda por um pouco de tempo a luz está convosco; andai enquanto tendes luz, para que as trevas vos não apanhem. E quem anda em trevas não sabe para onde vai. Enquanto tendes luz, credes na luz, para que sejais filhos da luz. Estas coisas falou Jesus, e indo-se, escondeu-se deles.

A figueira seca (Mc 11:20)

E passando pela manhã, viram que a figueira estava seca desde as raízes. E lembrando-se Pedro, disse-lhe: Mestre, eis que a figueira, que amaldiçoaste, se secou. E respondendo Jesus, disse-lhes: Tendes fé em Deus. Porque em verdade vos digo, que qualquer que disser a este monte: Levanta-te, e lança-te no mar; e não duvidar em seu coração, mas crer que se fará o que diz, tudo o que disser lhe será feito. Portanto eu vos digo, que **tudo o que pedirdes orando, crede que recebereis, e vós o tereis.** E quando estiverdes orando, perdoai, se tendes alguma coisa contra alguém, para que vosso Pai, que está nos céus, vos perdoe vossas ofensas. Mas se vós não perdoardes, também vosso Pai, que está nos céus, não vos perdoará vossas ofensas.

Os sacerdotes questionam a Sua autoridade (Mt 21:23)

Depois de entrar no templo, quando ele estava ensinando, os chefes dos sacerdotes e os anciãos do povo se aproximaram dele, perguntando: Com que autoridade fazes isto? E quem te deu esta autoridade? Jesus lhes respondeu: Eu também vos farei uma pergunta. Se vós a responderdes a mim, também eu vos responderei com que autoridade faço isto.

De onde era o batismo de João? Do céu, ou dos homens? E eles pensaram entre si mesmos, dizendo: Se dissermos: "Do céu", ele nos dirá: "Por que, então, não crestes nele? Mas se dissermos: "Dos homens", temos medo da multidão, pois todos consideram João como profeta. Então responderam a Jesus: Não sabemos. E ele lhes disse: Nem eu vos digo com que autoridade faço isto.

A parábola dos dois filhos *(Mt 21:28)*

Mas que vos parece? Um homem tinha dois filhos. Aproximando-se do primeiro, disse: "Filho, vai hoje trabalhar na minha vinha." Porém ele respondeu: "Não quero"; mas depois se arrependeu, e foi.

E, aproximando-se do segundo, disse da mesma maneira. E ele respondeu: "Eu vou senhor", mas não foi. Qual dos dois fez a vontade do pai? Eles lhe responderam: O primeiro. Jesus lhes disse: Em verdade vos digo que os cobradores de impostos e as prostitutas estão indo adiante de vós ao Reino de Deus. Pois João veio a vós mesmos no caminho de justiça, mas não crestes nele; enquanto que os cobradores de impostos e as prostitutas nele creram. Vós, porém, mesmo tendo visto isto, nem assim vos arrependestes, a fim de nele crer.

A parábola dos lavradores maus *(Mt 21:33)*

Ouvi outra parábola. Havia um homem, dono de uma propriedade. Ele plantou uma vinha, cercou-a, fundou nela um lagar, e construiu uma torre. Depois a arrendou a uns lavradores, e partiu-se para um lugar distante. Quando chegou o tempo dos frutos, enviou seus servos aos lavradores, para receberem os frutos que a ele pertenciam.

Mas os lavradores tomaram os seus servos, e feriram um, mataram outro, e apedrejaram outro. Outra vez enviou outros servos, em maior número que os primeiros, mas fizeram-lhes o mesmo. E por último lhes enviou o seu filho, dizendo: "Respeitarão ao meu filho".

Mas quando os lavradores viram o filho, disseram entre si: "Este é o herdeiro. Venhamos matá-lo, e tomemos a sua herança". Então o agarraram, lançaram-no para fora da vinha, e o mataram. Ora, quando o senhor da vinha chegar, o que fará com aqueles lavradores? Eles lhe responderam: Aos maus dará uma morte má, e arrendará a vinha a outros lavradores, que lhe deem os frutos em seus tempos de colheita.

Jesus lhes disse: Nunca lestes nas Escrituras: *"A pedra que os construtores rejeitaram, essa se tornou cabeça da esquina. Isto foi feito pelo Senhor, e é maravilhoso aos nossos olhos"?* Portanto eu vos digo que o reino de Deus será tirado de vós, e será dado a um povo que produza os frutos dele. E quem cair sobre esta pedra será quebrado; mas sobre quem ela cair, ela o tornará em pó. Quando os chefes dos sacerdotes e os fariseus ouviram estas suas parábolas, entenderam que Jesus estava falando deles. E procuravam prendê-lo, mas temeram as multidões, pois elas o consideravam profeta.

·•**·· *A parábola dos convidados do casamento* (Mt 22:1)

Então Jesus voltou a lhes falar por parábolas, dizendo: O reino dos céus é semelhante a um rei que fez uma festa de casamento para o seu filho; e mandou a seus servos que chamassem os convidados para a festa de casamento, mas não quiseram vir.

Outra vez ele mandou outros servos, dizendo: "Dizei aos convidados: 'Eis que já preparei meu jantar: meus bois e animais cevados já foram mortos, e tudo está pronto. Vinde à festa de casamento'. Porém eles não deram importância e foram embora, um ao seu campo, e outro ao seu comércio; e outros agarraram os servos dele, e os humilharam e os mataram.

O rei então enviou os seus exércitos, destruiu aqueles homicidas, e incendiou a cidade deles. Em seguida, disse aos seus servos: "Certamente a festa de casamento está pronta, porém os convidados não eram dignos. Ide, pois, às saídas dos caminhos, e convidai à festa de casamento tantos quantos achardes.

Aqueles servos saíram pelos caminhos, e ajuntaram todos quantos acharam, tanto maus como bons; e a festa de casamento se encheu de convidados. Mas quando o rei entrou para ver os convidados, percebeu ali um homem que não estava vestido com roupa adequada para a festa de casamento. Então lhe perguntou: "Amigo, como entraste aqui sem ter roupa para a festa?" E ele emudeceu.

Então o rei disse aos servos: "Amarrai-o nos pés e nas mãos, tomai-o, e lançai-o nas trevas de fora. Ali haverá pranto e o ranger de dentes". **Pois muitos são chamados, porém poucos escolhidos.**

Então os fariseus foram embora, e se reuniram para tramar como o apanhariam em cilada por algo que dissesse. Depois lhe enviaram seus discípulos, juntamente com os apoiadores de Herodes, e perguntaram: Mestre, bem sabemos que tu és verdadeiro, e que com verdade ensinas o caminho de Deus, e que não te importas com a opinião de ninguém, porque não dás atenção à aparência humana. Dize-nos, pois, o que te parece: é lícito dar tributo a César, ou não?

Mas Jesus, entendendo a sua malícia, disse: Por que me tentais, hipócritas? Mostrai-me a moeda do tributo. E eles lhe trouxeram um denário.

E ele lhes perguntou: De quem é esta imagem, e a inscrição? Eles lhe responderam: De César. Então ele lhes disse: Dai, pois, a César o que é de César, e a Deus o que é de Deus. Quando ouviram isso, eles ficaram admirados; então o deixaram e se retiraram.

◦ **Sobre a ressurreição** (Mt 22:23)

Naquele mesmo dia chegaram a ele os saduceus, que dizem não haver ressurreição, e perguntaram-lhe, dizendo: Mestre, Moisés disse: Se um homem morrer sem ter filhos, seu irmão se casará com sua mulher, e gerará descendência ao seu irmão. Ora, havia entre nós sete irmãos.

O primeiro se casou, e depois morreu; e sem ter tido filhos, deixou sua mulher ao seu irmão. E da mesma maneira também foi com o segundo, o terceiro, até os sete. Por último, depois de todos, a mulher também morreu.

Assim, na ressurreição, a mulher será de qual dos sete? Pois todos a tiveram. Jesus, porém, lhes respondeu: Errais, por não conhecerdes as Escrituras, nem o poder de Deus. Porque na ressurreição, nem se tomam, nem se dão em casamento; mas são como os anjos de Deus no céu.

E sobre a ressurreição dos mortos, não lestes o que Deus vos falou: Eu sou o Deus de Abraão, o Deus de Isaque, e o Deus de Jacó? **Deus não é Deus dos mortos, mas sim dos vivos!** Quando as multidões ouviram isto, ficaram admiradas de sua doutrina.

Os maiores mandamentos (Mt 22:34, Mc 12:29)

E os fariseus, ao ouvirem que ele havia feito os saduceus se calarem, reuniram-se. E um deles, especialista da Lei, tentando-o, perguntou-lhe: Mestre, qual é o grande mandamento na Lei?

E Jesus lhe respondeu: O primeiro mandamento de todos os mandamentos é: Ouve Israel, o SENHOR nosso Deus é o único Senhor: **Amarás, pois, ao Senhor teu Deus de todo teu coração, e de toda tua alma, e de todo teu entendimento, e de todas tuas forças; este é o primeiro mandamento.** E o segundo, semelhante a este é: **Amarás a teu próximo como a ti mesmo; não há outro mandamento maior que estes.**

E o Escriba lhe disse: Muito bem, Mestre, com verdade disseste, que há um só Deus, e não há outro além dele. E que amá-lo de todo coração, e de todo entendimento, e de toda a alma, e de todas as forças; e amar ao próximo como a si mesmo é mais que todas as ofertas de queima e sacrifícios. E Jesus, vendo que ele tinha respondido sabiamente, disse-lhe: Tu não estás longe do Reino de Deus. E ninguém mais ousava lhe perguntar.

De quem é o Cristo filho? (Mt 22:41)

E, estando os fariseus reunidos, Jesus lhes perguntou, dizendo: Que pensais vós acerca do Cristo? De quem ele é filho? Eles lhe responderam: De Davi. Jesus lhes disse: Como, pois, Davi, em espírito, o chama Senhor, dizendo: Disse o Senhor a meu Senhor: "Senta-te à minha direita, até que eu ponha os teus inimigos como estrado de teus pés".

Ora, se Davi o chama Senhor, como é seu filho? E ninguém podia lhe responder palavra; nem ninguém ousou desde aquele dia lhe fazer perguntas.

Jesus condena o orgulho (Mt 23:1)

Então Jesus falou às multidões e aos seus discípulos, dizendo: Os escribas e os fariseus se sentam sobre o assento de Moisés. Portanto, tudo o que eles vos disserem que guardeis, guardai e fazei. Mas não façais segundo as suas obras, porque eles dizem e não fazem. Pois eles amarram cargas pesadas e difíceis de levar, e as põem sobre os ombros das pessoas; porém eles nem sequer com o seu dedo as querem mover. E fazem todas as suas obras a fim de serem vistos pelas pessoas: por isso alargam seus filactérios, e fazem compridas as franjas de suas roupas. Eles amam os primeiros assentos nas ceias, as primeiras cadeiras nas sinagogas, as saudações nas praças, e serem chamados: "Rabi, Rabi" pelas pessoas.

Mas vós, não sejais chamados Rabi, porque o vosso Mestre é um: o Cristo; e todos vós sois irmãos. E não chameis a ninguém na terra vosso pai; porque o vosso Pai é um: aquele que está nos céus. Nem sejais chamados mestres; porque o vosso mestre é um: o Cristo. Porém o maior de vós será vosso servo. E o que a si mesmo se exaltar será humilhado; e o que a si mesmo se humilhar será exaltado.

Jesus acusa os escribas e fariseus pela hipocrisia (Mt 23:13)

Mas ai de vós, escribas e fariseus, hipócritas! Porque fechais o Reino dos céus em frente das pessoas; pois nem vós entrais, nem permitis a entrada do que estão para entrar. Ai de vós, escribas e fariseus, hipócritas! Porque devorais as casas das viúvas, e isso com pretexto de longas orações; por isso recebereis mais grave condenação. Ai de vós, escribas e fariseus, hipócritas! Porque rodeais o mar e a terra para fazerdes um convertido; e quando é feito, vós o tornais filho do inferno duas vezes mais que a vós. Ai de vós, guias cegos, que dizeis: "Qualquer um que jurar pelo templo, nada é; mas qualquer um que jurar pelo ouro do templo, devedor é". Tolos e cegos! Pois qual é maior: o ouro, ou o templo que santifica o ouro? Também dizeis: "Qualquer um que jurar pelo altar, nada é; mas quem jurar pela oferta que está sobre ele, devedor é". Tolos e cegos! Pois qual é maior: a oferta, ou o altar que santifica a oferta?

Portanto, quem jurar pelo altar, jura por ele, e por tudo o que está sobre ele. E quem jurar pelo templo, jura por ele, e por aquele que nele habita. E quem jurar pelo Céu, jura pelo trono de Deus, e por aquele que sobre ele está sentado.

Ai de vós, escribas e fariseus, hipócritas! Porque dais o dízimo da hortelã, do endro, e do cominho, e desprezais o que é mais importante da Lei: a justiça, a misericórdia, e a fidelidade; estas coisas devem ser feitas, sem se desprezar as outras. Guias cegos, que peneiram um mosquito, e engolis um camelo! Ai de vós, escribas e fariseus, hipócritas! Porque limpais o exterior do copo ou do prato, mas por dentro estão cheios de extorsão e cobiça. Fariseu cego! Limpa primeiro o interior do copo e do prato, para que também o exterior deles fique limpo. Ai de vós, escribas e fariseus, hipócritas! Porque sois semelhantes aos sepulcros caiados, que por fora realmente parecem belos, mas por dentro estão cheios de ossos de cadáveres, e de toda imundícia.

Assim também vós, por fora, realmente pareceis justos às pessoas, mas por dentro estais cheios de hipocrisia e de injustiça. Ai de vós, escribas e fariseus, hipócritas! Porque edificais os sepulcros dos profetas, adornais os monumentos dos justos, e dizeis: "Se estivéssemos nos dias dos nossos pais, nunca teríamos sido cúmplices deles quando derramaram o sangue dos profetas".

Assim vós mesmos dais testemunho de que sois filhos dos que mataram os profetas. Enchei, pois, a medida de vossos pais. Serpentes, ninhada de víboras! Como escapareis da condenação do inferno? Por isso, eis que eu vos envio profetas, sábios e escribas; a uns deles matareis e crucificareis, e a outros deles açoitareis em vossas sinagogas, e perseguireis de cidade em cidade; para que venha sobre vós todo o sangue justo que foi derramado sobre a terra, desde o sangue do justo Abel, até o sangue de Zacarias, filho de Baraquias, ao qual matastes entre o templo e o altar. Em verdade vos digo que tudo isto virá sobre esta geração.

⁻⁺⁼⁻ *Lamento sobre Jerusalém* (Mt 23:37)

Jerusalém, Jerusalém, que matas os profetas, e apedrejas os que te são enviados! Quantas vezes eu quis ajuntar os teus filhos, como a galinha ajunta os seus pintos debaixo das asas; porém não quisestes! Eis que vossa casa vos será deixada desolada. Pois eu vos digo que a partir de agora não me vereis, até que digais: "Bendito aquele que vem no nome do Senhor".

⁻⁺⁼⁻ *A viúva pobre* (Lc 21:1)

E ele, olhando, viu os ricos lançarem suas ofertas na arca do tesouro do templo. E viu também uma pobre viúva lançar ali duas pequenas moedas. E disse: **Em verdade vos digo, que esta pobre viúva lançou mais do que todos**, porque todos aqueles outros lançaram para as ofertas de Deus daquilo que lhes sobrava; mas esta viúva, de sua pobreza, lançou todo sustento quanto tinha.

⁻⁺⁼⁻ *Sobre a destruição do templo* (Mt 24:1)

Jesus saiu do templo, e se foi. Então seus discípulos se aproximaram dele para lhe mostrarem os edifícios do complexo do templo. Mas Jesus lhes disse: Não vedes tudo isto? Em verdade vos digo, que não será deixada aqui pedra sobre pedra, que não seja derrubada.

⤷ *Os discípulos perguntam sobre o fim* (Mt 24:3)

E depois de se assentar no monte das Oliveiras, os discípulos se aproximaram dele reservadamente, perguntando: Dize-nos, quando serão estas coisas, e que sinal haverá da tua vinda, e do fim da era?

E Jesus lhes respondeu: Permanecei atentos, para que ninguém vos engane. Porque muitos virão em meu nome, dizendo: "Eu sou o Cristo", e enganarão a muitos.

E ouvireis de guerras, e de rumores de guerras. Olhai que não vos espanteis; porque é necessário, que tudo isto aconteça, mas ainda não é o fim. Pois se levantará nação contra nação, e reino contra reino; e haverá fomes, pestilências, e terremotos em diversos lugares.

Mas todas estas coisas são o começo das dores. Então vos entregarão para serdes afligidos, e vos matarão; e sereis odiados por todas as nações, por causa de meu nome. E muitos se tornarão infiéis; e trairão uns aos outros, e uns aos outros se odiarão. E muitos falsos profetas se levantarão, e enganarão a muitos. E, por se multiplicar a injustiça, o amor de muitos se esfriará. **Mas o que perseverar até o fim, esse será salvo.** E este Evangelho do Reino será pregado em todo o mundo, como testemunho a todas as nações, e então virá o fim.

⤷ *A grande tribulação* (Mt 24:15)

Portanto, quando virdes que a abominação da desolação, dita pelo profeta Daniel, está no lugar santo, quem lê, entenda, então os que estiveram na Judéia fujam para os montes; o que estiver no sobre o telhado não desça para tirar alguma coisa de sua casa; e o que estiver no campo não volte atrás para tomar as suas roupas.

Mas ai das grávidas e das que amamentarem naqueles dias! Orai, porém, para que a vossa fuga não aconteça no inverno, nem no sábado. Pois haverá então grande aflição, como nunca houve desde o princípio do mundo até agora, nem jamais haverá. E se aqueles dias não fossem encurtados, ninguém se salvaria; mas por causa dos escolhidos, aqueles dias serão encurtados.

Então, se alguém vos disser: "Olha o Cristo aqui, ou Olha ele ali", não creiais, pois se levantarão falsos cristos e falsos profetas; e farão tão grandes sinais e prodígios que, se fosse possível, enganariam até os escolhidos. Eis que eu tenho vos dito com antecedência.

Portanto, se vos disserem: "Eis que ele está no deserto", não saiais; "Eis que ele está em um recinto", não creiais. Porque, assim como o relâmpago, que sai do oriente, e aparece até o ocidente, assim também será a vinda do Filho do homem. Pois onde estiver o cadáver, ali se ajuntarão os abutres.

·✳· *A vinda do Filho do Homem* (Mt 24:29)

E logo depois da aflição daqueles dias, o sol se escurecerá, a lua não dará o seu brilho, as estrelas cairão do céu, e as forças dos céus se estremecerão. Então aparecerá no céu o sinal do Filho do homem. Naquela hora todas as tribos da terra lamentarão, e verão ao Filho do homem, que vem sobre as nuvens do céu, com poder e grande glória.

E enviará os seus anjos com grande som de trombeta, e ajuntarão os seus escolhidos desde os quatro ventos, de uma extremidade à outra dos céus. Aprendei a parábola da figueira: "Quando os seus ramos já ficam verdes, e as folhas brotam, sabeis que o verão está perto". Assim também vós, quando virdes todas estas coisas, sabei que já está perto, às portas. Em verdade vos digo que esta geração não passará, até que todas estas coisas aconteçam. **O céu e a terra passarão, mas as minhas palavras de maneira nenhuma passarão.**

·✳· *Exortação à vigilância* (Mt 24:36)

Porém daquele dia e hora, ninguém sabe, nem os anjos do céu, a não ser meu Pai somente. Assim como foram os dias de Noé, assim também será a vinda do Filho do homem. Pois, assim como nos dias antes do dilúvio comiam, bebiam, casavam, e davam-se em casamento, até o dia em que Noé entrou na arca; e não sabiam, até que veio o dilúvio, e levou todos, assim também será a vinda do Filho do homem.

Naquela hora dois estarão no campo; um será tomado, e o outro será deixado. Duas estarão moendo em um moinho; uma será tomada, e a outra será deixada. Vigiai, pois, porque não sabeis em que hora o vosso Senhor virá.

Porém sabei isto: se o dono de casa soubesse a que hora da noite o ladrão viria, vigiaria, e não deixaria invadir a sua casa. Portanto também vós estais prontos, porque o Filho do homem virá na hora que não esperais.

·#· *A parábola dos dois servos* *(Mt 24:45)*

Pois quem é o servo fiel e prudente, ao qual o seu senhor pôs sobre os seus trabalhadores, para lhes dar alimento no tempo devido? Feliz será aquele servo a quem, quando o seu senhor vier, achar fazendo assim. Em verdade vos digo que ele o porá sobre todos os seus bens.

Porém se aquele servo mau disser em seu coração: "Meu senhor está demorando a chegar", e começar a espancar os servos companheiros seus, e a comer, e a beber com os beberrões, o senhor daquele servo chegará num dia que ele não espera, e numa hora que ele não sabe, e o despedaçará, e porá sua parte com os hipócritas; ali haverá pranto e ranger de dentes.

·#· *A parábola das dez virgens* *(Mt 25:1)*

Então o Reino dos céus será semelhante a dez virgens, que tomaram suas lâmpadas, e saíram ao encontro do noivo. E cinco delas eram prudentes, e cinco tolas. As tolas, quando tomaram as suas lâmpadas, não tomaram azeite consigo. Mas as prudentes tomaram azeite nos seus frascos, com as suas lâmpadas.

O noivo demorou por isso todas cochilaram e adormeceram. Mas à meia-noite houve um grito: "Eis que vem o noivo! Ide ao seu encontro!". Então todas aquelas virgens se levantaram, e prepararam suas lâmpadas. E as tolas disseram às prudentes: "Dai-nos do vosso azeite, porque as nossas lâmpadas estão se apagando". Mas as prudentes responderam: "Não, para que não falte a nós e a vós; em vez disso, ide aos vendedores, e comprai para vós mesmas". Enquanto elas foram comprar, veio o noivo.

As que estavam preparadas entraram com ele à festa do casamento, e fechou-se a porta. Depois vieram também as outras virgens, dizendo: "Senhor, Senhor, abre-nos!" Mas ele respondeu: "Em verdade vos digo que não vos conheço". Portanto, **vigiai, porque não sabeis o dia nem a hora em que o Filho do homem virá.**

·#· *A parábola dos talentos* *(Mt 25:14)*

Pois é como um homem, que partindo para fora do país, chamou seus servos, e lhes entregou os seus bens. E a um deu cinco talentos, a outro dois, e ao terceiro um, a cada um conforme a sua habilidade, e logo depois partiu em viagem. Em seguida, o que havia recebido cinco talentos foi fazer negócios com eles, e obteve outros cinco talentos.

E, semelhantemente, o que havia recebido dois ganhou também outros dois. Mas o que tinha recebido um foi cavar a terra, e escondeu o dinheiro do seu senhor.

Muito tempo depois, o senhor daqueles servos veio, e fez contas com eles. O que havia recebido cinco talentos chegou lhe trazendo outros cinco talentos, e disse: "Senhor, cinco talentos me entregaste, eis que ganhei com eles outros cinco talentos". E o seu senhor lhe disse: **"Muito bem, servo bom e fiel! Sobre o pouco foste fiel, sobre o muito te porei; entra na alegria do teu senhor"**. E chegando-se também o que havia recebido dois talentos, disse: "Senhor, dois talentos me entregaste, eis que ganhei com eles outros dois talentos".

Seu senhor lhe disse: "Muito bem, servo bom e fiel! Sobre o pouco foste fiel, sobre o muito te porei; entra na alegria do teu senhor". Mas, chegando também o que havia recebido um talento, disse: "Senhor, eu te conhecia, que és homem duro, que colhes onde não semeaste, e ajuntas onde não espalhaste; E eu, atemorizado, fui e escondi o teu talento na terra; eis aqui tens o que é teu".

Porém seu senhor lhe respondeu: "Servo mau e preguiçoso! Sabias que colho onde não semeei, e ajunto onde não espalhei. Devias, portanto, ter depositado o meu dinheiro como os banqueiros e, quando eu voltasse, receberia o que é meu com juros. Por isso, tirai dele o talento, e dai-o ao que tem dez talentos". Pois a todo aquele que tiver, lhe será dado, e terá em abundância; porém ao que não tiver, até o que tem lhe será tirado. E lançai o servo inútil às trevas de fora ali haverá pranto e ranger de dentes.

✢ *O julgamento final: Os bodes e as ovelhas (Mt 25:31)*

E quando o Filho do homem vier em sua glória, e todos os santos anjos com ele, então ele se assentará sobre o trono de sua glória. E serão ajuntadas diante dele todas as nações, e separará as pessoas umas das outras, assim como o pastor separa as ovelhas dos bodes. E porá as ovelhas à sua direita, porém os bodes à esquerda.

Então o Rei dirá ao rei aos que estiverem à sua direita: "Vinde, benditos de meu Pai! Herdai o Reino que está preparado para vós desde a fundação do mundo.

Pois tive fome, e me destes de comer; tive sede, e me destes de beber; fui forasteiro, e me acolhestes; estive nu, e me vestistes; estive doente, e cuidastes de mim; estive na prisão, e me visitastes.

Então os justos lhe perguntarão: "Senhor, quando te vimos com fome, e te demos de comer, ou com sede, e te demos de beber? E quando te vimos forasteiro, e te acolhemos, ou nu, e te vestimos? E quando te vimos doente, ou na prisão, e viemos te visitar?"

E o Rei lhes responderá: **"Em verdade vos digo que, todas as vezes que fizestes a um destes menores dos meus irmãos, fizestes a mim".** Então dirá também aos que estiverem à esquerda: "Apartai-vos de mim, malditos, ao fogo eterno, preparado para o Diabo e os seus anjos. Pois tive fome, e não me destes de comer; tive sede, e não me destes de beber. Fui forasteiro, e não me acolhestes; estive nu, e não me vestistes; estive doente, e na prisão, e não me visitastes.

Então também eles lhe perguntarão: "Senhor, quando te vimos com fome, ou com sede, ou forasteiro, ou nu, ou doente, ou na prisão, e não te servimos? Então ele lhes responderá, dizendo: "Em verdade vos digo que, todas as vezes que não fizestes a um destes menores, não fizestes a mim". E estes irão ao tormento eterno, porém os justos à vida eterna.

Jesus prevê a sua crucificação *(Mt 26:1)*

E aconteceu que, quando Jesus terminou todas estas palavras, disse aos seus discípulos: Vós bem sabeis que daqui a dois dias é a Páscoa, e o Filho do homem será entregue para ser crucificado.

Conspiração dos líderes *(Mt 26:3)*

Então os chefes dos sacerdotes, os escribas, e os anciãos do povo se reuniram na casa do sumo sacerdote, que se chamava Caifás. E conversaram a fim de, usando mentira, prenderem Jesus, e o matarem. Porém diziam: Não na festa, para que não haja tumulto entre o povo.

O preço da traição *(Lc 22:03, Mt 26:15)*

E Satanás entrou em Judas que era chamado Iscariotes, que era um dos doze. E foi, e falou com os chefes dos sacerdotes e os oficiais, sobre como o entregaria para eles. E estes se alegraram, e concordaram em lhe dar dinheiro.

E lhes prometeu, e buscava oportunidade para entregá-lo quando não houvesse uma multidão. E disse: O que quereis me dar, para que eu o entregue a vós? **E eles lhe determinaram trinta moedas de prata.** E desde então ele buscava oportunidade para entregá-lo.

Ensinando no templo *(Lc 21:37)*

E ensinava durante os dias no Templo, porém, às noites saía e as passava no monte, chamado das Oliveiras. E todo o povo vinha até ele de manhã cedo ao templo, para ouvi-lo.

A incredulidade dos judeus *(Jo 12:37)*

E ainda que perante eles tivesse feito tantos sinais, não criam nele. Para que se cumprisse a palavra do profeta Isaías, que disse: Senhor, quem creu em nossa pregação? E a quem o braço do Senhor foi revelado? Por isso não podiam crer, porque outra vez Isaías disse: *"Os olhos lhes cegou, e o coração lhes endureceu; para não acontecer que vejam dos olhos, e entendam do coração, e se convertam, e eu os cure."* Isto disse Isaías, quando viu sua glória, e falou dele.

Contudo ainda até muitos dos chefes também creram nele; mas não o confessavam por causa dos fariseus; por não serem expulsos da sinagoga. Porque amavam mais a glória humana do que a glória de Deus.

A última mensagem pública de Jesus *(Jo 12:44)*

E exclamou Jesus, e disse: Quem crê em mim, não crê somente em mim, mas também naquele que me enviou. E quem vê a mim, vê a aquele que me enviou.

Eu sou a luz que vim ao mundo, para que todo aquele que crê em mim, não permaneça em trevas. E se alguém ouvir minhas palavras, e não crer, eu não o julgo; porque não vim para julgar o mundo, mas sim para salvar o mundo.

Quem me rejeitar e não receber minhas palavras, já tem quem o julgue: a palavra que eu tenho falado, essa o julgará no último dia. Porque eu não tenho falado de mim mesmo; porém o Pai que me enviou, ele me deu mandamento do que devo dizer, e do que devo falar. E sei que seu mandamento é vida eterna. Portanto o que eu falo, falo assim como o Pai tem me dito.

E veio o dia dos pães sem fermento, em que se devia fazer o sacrifício da páscoa. E Jesus mandou a Pedro, e a João, dizendo: Ide, preparai-nos a páscoa, para que a comamos. E eles lhe disseram: Onde queres que a preparemos? E ele lhes disse: Eis que, quando entrardes na cidade, um homem com um vaso de água vos encontrará; segui-o até a casa onde ele entrar.

E direis ao dono da casa: O Mestre te diz: Onde está o salão onde comerei a páscoa com meus discípulos? Então ele vos mostrará um grande salão já arrumado; preparai-a ali. E indo eles, acharam como lhes tinha dito; e prepararam a páscoa.

A última Páscoa - A Ceia do Senhor (Mt 26:20, Lc 22:15)

E vindo o anoitecer, ele se assentou à mesa com os doze. E disse-lhes: Muito desejei comer convosco esta páscoa, antes que eu sofra. Porque eu vos digo, que dela não mais comerei, até que isto se cumpra no Reino de Deus. E tomando o cálice, e tendo agradecido a Deus, disse: Tomai-o, e reparti-o entre vós. Porque vos digo, que do fruto da videira eu não beberei, até que o Reino de Deus venha.

E tomando o pão, e tendo agradecido a Deus, partiu-o, e o deu a eles, dizendo: Isto é o meu corpo, que é dado por vós; fazei isto em memória de mim. De modo semelhante também com o cálice, depois da ceia, disse: Este cálice é o Novo Testamento em meu sangue, que é derramado por vós.

Jesus fala sobre o traidor (Jo 13:18, Mt 26:22)

Não digo de todos; bem sei eu aos que tenho escolhido; mas para que se cumpra a Escritura, que diz: *"O que come comigo, levantou contra mim seu calcanhar."* Desde agora, antes que se faça, digo-o a vós, para que, quando se fizer, creiais que eu sou. Em verdade, em verdade vos digo, que se alguém receber ao que eu enviar, a mim me recebe; e **quem a mim me receber, recebe a aquele que me enviou.** Havendo Jesus dito isto, perturbou-se em espírito, e testemunhou, e disse: Em verdade, em verdade vos digo, que um de vós me trairá. Eles ficaram muito tristes, e cada um deles começou a lhe perguntar: Por acaso sou eu, Senhor? E ele respondeu: O que mete comigo a mão no prato, esse me trairá.

De fato, o Filho do homem vai assim como dele está escrito; mas ai daquele homem por quem o Filho do homem é traído! Bom seria a tal homem se não houvesse nascido.

Os discípulos perguntam quem seria o traidor (Jo 13:22)

Pelo que os discípulos se olhavam uns para os outros, duvidando de quem ele dizia. E um dos discípulos, a quem Jesus amava, estava sentado à mesa encostado a Jesus. A este pois fez sinal a Simão Pedro, que perguntasse quem era aquele de quem ele dizia. E declinando-se ele ao peito de Jesus, disse-lhe: Senhor, quem é?

Jesus identifica o traidor (Jo 13:26, Mt 26:25, Jo 13:27)

Respondeu Jesus: Aquele a quem eu der o pedaço molhado de pão. E molhando o pedaço de pão, deu-o a Judas de Simão Iscariotes. E Judas, o que o traía, perguntou: Por acaso sou eu, Rabi? Jesus lhe disse: Tu o disseste. E após o pedaço de pão, entrou nele Satanás. Disse-lhe, pois, Jesus: O que fazes, faze-o depressa.

Judas sai (Jo 13:28)

E nenhum dos que estavam sentados à mesa entendeu para que ele lhe dissera. Pois alguns pensavam que, porque Judas tinha a bolsa, Jesus havia lhe dito: Compra o que para o que nos é necessário para a festa; ou que alguma coisa desse aos pobres. Havendo ele pois tomado o pedaço de pão, logo saiu. E já era noite. Tendo, pois, ele saído, disse Jesus: Agora o Filho do homem é glorificado, e Deus é glorificado nele. Se Deus nele é glorificado, também Deus o glorificará em si mesmo, e logo o glorificará.

A grandeza do servir (Lc 22:24)

E houve também uma discussão entre eles, sobre qual deles era considerado o maior. E Jesus lhes disse: Os reis dos gentios os dominam, e os que exercem autoridade sobre eles são chamados de benfeitores; Mas não seja assim entre vós; antes o maior de vós seja como o menor; e o que lidera, como o que serve.

Porque qual é maior? O que se senta à mesa, ou o que serve? Por acaso não é o que se senta à mesa? Porém **eu estou entre vós como aquele que serve.** E vós sois os que tendes permanecido comigo em minhas tentações. E eu vos determino um Reino, assim como meu pai o determinou a mim. Para que em meu Reino, comais e bebais à minha mesa; e vos senteis sobre tronos, julgando as doze tribos de Israel.

Jesus lava os pés dos discípulos (Jo 13:1)

E antes da festa da páscoa, sabendo Jesus que sua hora já era vinda, para que deste mundo passasse para o Pai, havendo amado aos seus, que estavam no mundo, até o fim os amou.

E terminada a ceia, o diabo já havia metido no coração de Judas de Simão Iscariotes, que o traísse. Sabendo Jesus que o Pai já tinha lhe dado todas as coisas nas mãos, e que ele era vindo de Deus, e para Deus ele iria, Levantou-se da ceia, e tirou as roupas, e tomando uma toalha, envolveu- a em si; Depois pôs água em uma bacia, e começou a lavar os pés dos discípulos, e limpá-los com a toalha com que estava envolto.

Veio, pois, a Simão Pedro; e ele lhe disse: Senhor, tu a mim lavas meus pés? Respondeu Jesus, e disse-lhe: O que eu faço tu não o sabes agora; mas depois o entenderás. Disse-lhe Pedro: Nunca lavarás meus pés. Respondeu-lhe então Jesus: Se eu não te lavar, não tens parte comigo.

Disse-lhe Simão Pedro: Senhor, lava não só meus pés, mas também as mãos e a cabeça. Disse-lhe Jesus: Aquele que está lavado não necessita lavar, a não ser os pés, mas está todo limpo. E vós limpos estais, porém não todos.

Porque ele bem sabia quem o trairia; por isso disse: Nem todos estais limpos. Quando então, tendo eles lavado os pés, e tomado suas roupas, voltou a se sentar à mesa, e disse-lhes: Entendeis o que vos tenho feito? Vós me chamais Mestre, e Senhor, e bem dizeis; que eu o sou; pois se eu, o Senhor, e o Mestre, tenho lavado vossos pés, também vós deveis lavar vossos pés uns aos outros. Porque vos tenho dado exemplo, para que como eu vos tenho feito, façais vós também.

Em verdade, em verdade vos digo, que o servo não é maior que seu senhor; nem enviado maior que aquele que o enviou. Se sabeis estas coisas, sereis bem-aventurados se as fizerdes.

O novo mandamento (Jo 13:31)

Tendo, pois, ele saído, disse Jesus: Agora o Filho do homem é glorificado, e Deus é glorificado nele. Se Deus nele é glorificado, também Deus o glorificará em si mesmo, e logo o glorificará. Filhinhos, ainda um pouco estou convosco. Vós me buscareis; e tal como eu aos Judeus: Para onde eu vou, vós não podeis vir; assim também o digo a vós agora. **Um novo mandamento vos dou: que vos ameis uns aos outros; tal como eu vos amei, também ameis vós uns aos outros.** Nisto todos conhecerão que sois meus discípulos: se vós tiverdes amor uns aos outros.

Jesus anuncia a negação de Pedro (Lc 22:31)

Disse também o Senhor: Simão, Simão; eis que Satanás vos pediu, para vos peneirar como trigo; mas eu roguei por ti, que tua fé não se acabe; e quando tu te converteres, fortaleça teus irmãos.

E ele lhe disse: Senhor, estou preparado para ir contigo até a prisão, e à morte. Mas ele disse: Pedro, eu te digo que hoje o galo não cantará, antes que me negues três vezes que me conheces.

Jesus promete voltar (Jo 14:1)

Não se perturbe vosso coração; credes em Deus, crede também em mim. Na casa de meu Pai há muitas moradas; senão, eu vos diria; vou para vos preparar lugar. E quando eu for, e vos preparar lugar, outra vez virei, e vos tomarei comigo, para que vós também estejais onde eu estiver. E já sabeis para onde vou, e sabeis o caminho. Disse-lhe Tomé: Senhor, não sabemos para onde vais; e como podemos saber o caminho? Jesus lhe disse: **Eu sou o caminho, e a verdade, e a vida. Ninguém vem ao Pai, a não ser por mim.** Se vós conhecêsseis a mim, também conheceríeis a meu Pai; e desde agora já o conheceis, e o tendes visto. Disse-lhe Filipe: Senhor, mostra-nos ao Pai, e basta-nos. Jesus lhe disse: Tanto tempo há que estou convosco, e ainda não me tens conhecido, Filipe? Quem a mim tem visto, já tem visto ao Pai; e como dizes tu: Mostra-nos ao Pai? Não crês tu que eu estou no Pai, e que o Pai está em mim? As palavras que eu vos falo, não as falo de mim mesmo, mas o Pai que está em mim, ele é o que faz as obras. Crede em mim que eu estou no Pai, e que o Pai está em mim; e quando não, crede em mim por causa das próprias obras.

Em verdade, em verdade vos digo, que aquele que crê em mim, as obras que eu faço também ele as fará; e fará maiores que estas. Porque eu vou a meu Pai. E tudo quanto pedirdes em meu nome, eu o farei; para que o Pai seja glorificado no Filho. Se alguma coisa pedirdes em meu nome, eu a farei.

A promessa do Espírito Santo *(Jo 14:15)*

Se me amais, guardai meus mandamentos. E eu suplicarei ao Pai, e ele vos dará outro Consolador, para que fique sempre convosco; Ao Espírito de verdade, a quem o mundo não pode receber; porque não o vê, nem o conhece; mas vós o conheceis, porque habita convosco, e estará em vós.

Não vos deixarei órfãos; eu virei a vós. Ainda um pouco, e o mundo não me verá mais; mas vós me vereis; porque eu vivo, e vós vivereis. Naquele dia conhecereis que estou em meu Pai, e vós em mim, e eu em vós.

Quem tem meus mandamentos, e os guarda, esse é o que me ama; e quem a mim me ama, será amado de meu Pai, e eu o amarei, e a ele me manifestarei. Disse-lhe Judas (não o Iscariotes): Senhor, que há, porque a nós te manifestarás, e não ao mundo?

Respondeu Jesus, e disse-lhe: **Se alguém me ama, guardará minha palavra, e meu Pai o amará, e viremos a ele, e faremos morada com ele. Quem não me ama, não guarda minhas palavras.** E a palavra que ouvis não é minha, mas sim do Pai que me enviou.

Estas coisas tenho dito a vós, estando ainda convosco. Mas aquele Consolador, o Espírito Santo, ao qual o Pai enviará em meu nome, esse vos ensinará tudo, e tudo quanto tenho dito vós, ele vos fará lembrar. A paz vos deixo, minha paz vos dou; vou dá-la a vós, não como o mundo a dá.

Não se perturbe vosso coração, nem se atemorize. Já ouvistes que vos tenho dito: Vou, e venho a vós. Se me amásseis, verdadeiramente vos alegraríeis, porque tenho dito: Vou ao Pai; pois meu Pai, maior é que eu.

E já agora o disse a vós antes que aconteça, para que quando acontecer, o creiais. Já não falarei muito convosco; pois o príncipe deste mundo já vem, e ele nada tem em mim. Mas para que o mundo saiba que eu amo ao Pai, e assim faço como o Pai me mandou; levantai-vos, vamos embora daqui.

Jesus prediz o seu retorno *(Jo 14:25)*

Estas coisas tenho dito a vós, estando ainda convosco. Mas aquele Consolador, o Espírito Santo, ao qual o Pai enviará em meu nome, esse vos ensinará tudo, e tudo quanto tenho dito vós, ele vos fará lembrar.

A paz vos deixo, minha paz vos dou; vou dá-la a vós, não como o mundo a dá. **Não se perturbe vosso coração, nem se atemorize.** Já ouvistes que vos tenho dito: Vou, e venho a vós. Se me amásseis, verdadeiramente vos alegraríeis, porque tenho dito: Vou ao Pai; pois meu Pai é maior do que eu. E já agora o disse a vós antes que aconteça, para que quando acontecer, o creiais. Já não falarei muito convosco; pois o príncipe deste mundo já vem, e ele nada tem em mim. Mas para que o mundo saiba que eu amo ao Pai, e assim faço como o Pai me mandou; levantai-vos, vamos embora daqui.

Sobre a provisão e a profecia *(Lc 22:35)*

E disse a eles: Quando vos mandei sem bolsa, e sem sacola, e sem sandálias, por acaso algo vos faltou? E disseram: Nada. Então, ele lhes disse: Mas agora, quem tem bolsa, tome-a, como também a sacola; e o que não tem espada, venda sua roupa, e compre uma.

Porque eu vos digo, que ainda é necessário que se cumpra em mim aquilo que está escrito: **E ele foi contado com os malfeitores.** Porque aquilo que é sobre mim tem que se cumprir. E eles disseram: Senhor, eis aqui duas espadas. E ele lhes disse: É o suficiente.

Jesus vai para o Monte das Oliveiras *(Mt 26:30)*

E depois de cantarem um hino, saíram para o monte das Oliveiras.

Pedro duvida da sua traição *(Mt 26:31)*

Então Jesus lhes disse: Todos vós vos falhareis em serdes fiéis a mim esta noite; porque está escrito: *"Ferirei o pastor, e as ovelhas do rebanho serão dispersas".* Mas, depois que eu for ressuscitado, irei adiante de vós para a Galiléia.

Pedro, porém, respondeu-lhe: Ainda que todos falhem contigo, eu nunca falharei em minha fidelidade. Jesus lhe disse: Em verdade te digo que, nesta mesma noite, antes do galo cantar, tu me negarás três vezes. Pedro lhe respondeu: Ainda que eu tenha de morrer contigo, em nenhuma maneira te negarei. E todos os discípulos disseram o mesmo.

A videira e os ramos *(Jo 15:1)*

Eu sou a videira verdadeira, e meu Pai é o lavrador. Todo ramo que em mim não dá fruto, ele o tira; e todo o que dá fruto, ele o limpa, para que dê mais fruto. Vós já estais limpos pela palavra que vos tenho falado.

Estai em mim, e eu em vós; como o ramo de si mesmo não pode dar fruto, se não estiver na videira, assim vós também não, se não estiverdes em mim. **Eu sou a videira, vós sois os ramos; quem está em mim, e eu nele, esse dá muito fruto; porque sem mim nada podeis fazer.**

Se alguém não estiver em mim, é lançado fora, como o ramo, e seca-se; e os colhem, e os lançam no fogo, e ardem. Se vós estiverdes em mim, e minhas palavras estiverem em vós, tudo o que quiserdes pedireis, e será feito para vós. Nisto é glorificado meu Pai, em que deis muito fruto; e assim sereis meus discípulos.

Amar uns aos outros *(Jo 15:9)*

Como o Pai me amou, também eu vos amei; estai neste meu amor. Se guardardes meus mandamentos, estareis em meu amor. Como eu tenho guardado os mandamentos de meu Pai, e estou em seu amor. Estas coisas eu tenho vos dito para que minha alegria esteja em vós, e vossa alegria seja completa.

Este é meu mandamento: que vos ameis uns aos outros, assim como eu vos amei. Ninguém tem maior amor que este: que alguém ponha sua vida por seus amigos.

Vós sois meus amigos, se fizerdes o que eu vos mando. Já não vos chamo mais servos; porque o servo não sabe o que faz seu senhor; mas eu tenho vos chamado de amigos, porque tudo quanto ouvi de meu Pai eu tenho vos feito conhecer.

Não fostes vós que me escolhestes, porém eu vos escolhi, e tenho vos posto para que vades, e deis fruto, e vosso fruto permaneça; para que **tudo quanto pedirdes ao Pai em meu nome, ele vos dê.** Isto vos mando, para que vos ameis uns aos outros.

Se o mundo vos odeia, sabei que odiou a mim antes que a vós. Se vós fôsseis do mundo, o mundo amaria ao seu; mas porque não sois do mundo, antes eu vos escolhi do mundo, por isso o mundo vos odeia.

Lembrai-vos da palavra que vos tenho dito: não é o servo maior que seu senhor. Se me perseguiram, também vos perseguirão; se guardaram minha palavra, também guardarão a vossa.

Mas tudo isto vos farão por causa do meu nome; porque não conhecem a aquele que me enviou. Se eu não tivesse vindo, nem lhes houvesse falado, não teriam pecado; mas agora já não têm pretexto pelo seu pecado. Quem me odeia, também odeia a meu Pai. Se eu entre eles não tivesse feito obras, que nenhum outro fizera, não teriam pecado; mas agora as viram e, contudo, odiaram a mim, e a meu Pai.

Mas isto é para que se cumpra a palavra que está escrita em sua Lei: Sem causa me odiaram. Mas quando vier o Consolador, que eu do Pai vos enviarei, aquele Espírito de verdade, que sai do Pai, ele testemunhará de mim. E também vós testemunhareis, pois estivestes comigo desde o princípio.

coisas tenho vos dito para que não vos ofendeis. Expulsarão a vós das sinagogas; mas a hora vem, quando qualquer que vos matar, pensará fazer serviço a Deus. E estas coisas vos farão, porque nem ao Pai, nem a mim me conheceram. Porém tenho vos dito isto para que, quando àquela hora vier, disso vos lembreis, que já o dissera a vós; mas isto eu não vos disse desde o princípio, porque eu estava convosco.

·⊁· *Últimas instruções aos discípulos* *(Jo 16:5)*

E agora vou para aquele que me enviou; e nenhum de vós me pergunta: Para onde vais? Porém, porque vos disse estas coisas, a tristeza encheu vosso coração. Mas vos digo a verdade, que vos convém que eu vá; porque se eu não for, o Consolador não virá a vós; porém se eu for, eu o enviarei a vós.

E vindo **ele, convencerá ao mundo do pecado, e da justiça, e do juízo.** Do pecado, porque não creem em mim; e da justiça, porque vou para meu Pai, e não me vereis mais; E do juízo, porque o Príncipe deste mundo já está julgado.

O Espírito Santo como guia (Jo 16:12)

Ainda tenho muitas coisas que vos dizer, mas agora ainda não podeis suportá-las. Porém quando vier aquele Espírito da verdade, ele vos guiará em toda verdade. Porque de si mesmo não falará; mas falará tudo o que ouvir; E ele vos anunciará as coisas que virão. Ele me glorificará, porque tomará do que é meu, e vos anunciará. Tudo quanto tem o Pai é meu; por isso eu disse, que tomará do que é meu, e vos anunciará.

Os discípulos ficam perplexos (Jo 16:16)

Um pouco, e não me vereis; e mais um pouco, e me vereis; porque vou ao Pai. Disseram, pois, alguns de seus discípulos uns aos outros: Que é isto que ele nos diz: Um pouco, e não me vereis; e mais um pouco, e me vereis; e porque vou ao Pai?

Então diziam: Que é isto que ele diz? Um pouco? Não sabemos o que diz. Conheceu, pois, Jesus que lhe queriam perguntar, e disse-lhes: Perguntais entre vós sobre isto que disse: Um pouco, e não me vereis; e mais um pouco, e me vereis? Em verdade, em verdade vos digo, que vós chorareis, e lamentareis, e o mundo se alegrará, e vós estareis tristes; mas vossa tristeza se tornará em alegria.

A mulher quando está no parto tem tristeza, porque sua hora é vinda; mas havendo nascido a criança, já não se lembra da aflição, pela alegria de um homem ter nascido no mundo. Assim também vós agora na verdade tendes tristeza; mas novamente vos verei, e vosso coração se alegrará, e ninguém tirará vossa alegria de vós.

Jesus ensina o pedir em Seu nome (Jo 16:23)

E naquele dia nada me perguntareis. Em verdade, em verdade vos digo, que tudo quanto pedirdes a meu Pai em meu nome, ele vos dará. Até agora nada pedistes em meu nome; pedi, e recebereis, para que vossa alegria seja completa. Estas coisas vos falei por parábolas; porém a hora vem quando não mais vos falarei por parábolas; mas vos falarei abertamente sobre o Pai. **Naquele dia pedireis em meu nome; e não vos digo, que eu suplicarei ao Pai por vós.** Pois o próprio Pai vos ama, porque vós me amastes, e crestes que eu saí de Deus. Saí do Pai, e vim ao mundo; novamente deixo o mundo, e vou ao Pai.

⚜ *Os discípulos creem em Jesus* *(Jo 16:29)*

Disseram-lhe seus Discípulos: Eis que agora falas abertamente, e nenhuma parábola dizes. Agora sabemos que sabes todas as coisas; e não necessitas que ninguém te pergunte. Por isso cremos que saíste de Deus.

Respondeu-lhes Jesus: Agora credes? Eis que a hora vem, e já é chegada, quando sereis dispersos, cada um por si, e me deixareis só. Porém não estou só, porque o Pai está comigo. Estas coisas tenho vos dito para que tenhais paz em mim; no mundo tereis aflição; mas tende bom ânimo; eu venci o mundo.

⚜ *A intercessão do filho de Deus* *(Jo 17:1)*

Jesus falou estas coisas, levantou seus olhos ao céu, e disse: Pai, chegada é à hora; glorifica a teu Filho, para que também teu Filho glorifique a ti. Assim como lhe deste poder sobre toda carne, para que a todos quantos lhe deste, lhes dê a vida eterna.

E esta é a vida eterna: que conheçam a ti, o único Deus verdadeiro, e a Jesus Cristo, a quem tens enviado. Eu já te glorifiquei na terra; terminado tenho a obra que me deste para eu fazer. E agora glorifica-me tu, ó Pai, junto de ti mesmo, com aquela glória que eu tinha junto de ti, antes que o mundo existisse.

⚜ *Oração pelos discípulos* *(Jo 17:6)*

Manifestei teu nome aos homens que me deste do mundo. Eles eram teus, e tu os deste a mim; e eles guardaram tua palavra. Agora eles sabem que tudo quanto me deste vem de ti. Porque as palavras que tu me deste eu lhes dei; e eles as receberam, e verdadeiramente reconheceram que eu saí de ti, e creram que tu me enviaste.

Eu rogo por eles; não rogo pelo mundo, mas sim por aqueles que tu me deste, porque são teus. E todas as minhas coisas são tuas; e as tuas coisas são minhas; e nelas sou glorificado.

E eu já não estou no mundo; porém estes ainda estão no mundo, e eu venho a ti. Pai Santo, guarda-os em teu nome, a aqueles que tens me dado, para que sejam um, como nós somos.

Quando eu com eles estava no mundo, em teu nome eu os guardava. A aqueles que tu me deste eu os tenho guardado; e nenhum deles se perdeu, a não ser o filho da perdição, para que a Escritura se cumpra.

Mas agora venho a ti, e falo isto no mundo, para que em si mesmos tenham minha alegria completa. **Tua palavra lhes dei, e o mundo os odiou, porque não são do mundo, assim como eu não sou do mundo.**

Não suplico que os tires do mundo, mas que os guardes do maligno. Eles não são do mundo, assim como eu não sou do mundo. Santifica-os em tua verdade; tua palavra é a verdade.

Assim como tu me enviaste, eu os enviei ao mundo. E por eles a mim mesmo me santifico, para que também eles sejam santificados em verdade.

Oração pelos que crerem *(Jo 17:20)*

E não suplico somente por estes, mas também por aqueles que crerão em mim, por sua palavra. Para que todos sejam um; como tu, Pai, em mim, e eu em ti, que também eles em nós sejam um; para que o mundo creia que tu tens me enviado.

E eu tenho lhes dado a glória que tu me deste, para que sejam um, tal como nós somos um. Eu neles, e tu em mim; para que perfeitos sejam em um; e para que o mundo conheça que tu me enviaste, e que tu amaste a eles, assim como amaste a mim.

Pai, aqueles que tens me dado, quero que onde eu estiver, eles também estejam comigo; para que vejam minha glória, que tens me dado, pois tu me amaste desde antes da fundação do mundo. Pai Justo, o mundo também não tem te conhecido, e estes têm conhecido que tu me enviaste.

E eu fiz teu nome ser conhecido por eles, e eu farei com que seja conhecido, para que o amor com que me amaste esteja neles, e eu neles.

✝ **Jesus chega ao Getsêmani** (Mt 26:36)

Então Jesus veio com eles a um lugar chamado Getsêmani, e disse aos discípulos: Ficai sentados aqui, enquanto eu vou ali orar. Enquanto trazia consigo Pedro e os dois filhos de Zebedeu, ele começou a se entristecer e a se angustiar muito. Então lhes disse: Minha alma está completamente triste até a morte. Ficai aqui, e vigiai comigo.

✝ **Jesus ora em agonia** (Lc 22:41)

E se afastou deles, à distância de um tiro de pedra. E pondo-se de joelhos, orava, Dizendo: **Pai, se tu quiseres, passa este cálice de mim; porém não se faça minha vontade, mas a tua.** E apareceu-lhe um anjo do céu, que o fortalecia. E estando em angústia, orava mais intensamente. E seu suor se fez como gotas de sangue, que desciam até o chão.

✝ **Jesus ora pela segunda vez** (Mt 26:40)

Então voltou aos seus discípulos, e os encontrou dormindo; e disse a Pedro: Então, nem sequer uma hora pudestes vigiar comigo? Vigiai e orai, para que não entreis em tentação. De fato, o espírito está pronto, mas a carne é fraca. Ele foi orar pela segunda vez, dizendo: Meu Pai, se este cálice não pode passar de mim sem que eu o beba, faça-se a tua vontade.

✝ **Jesus ora uma terceira vez.** (Mt 26:43)

Quando voltou, achou-os outra vez dormindo, pois, os seus olhos estavam pesados. Então os deixou, e foi orar pela terceira vez, dizendo as mesmas palavras. Depois veio aos seus discípulos, e disse-lhes: Agora dormi e descansai. Eis que chegou a hora em que o Filho do homem é entregue em mãos de pecadores. Levantai-vos, vamos! Eis que chegou o que me trai.

✝ *Judas trai Jesus* (Mt 26:47, Lc 22:48)

Enquanto ele ainda estava falando, eis que veio Judas, um dos doze, e com ele uma grande multidão, com espadas e bastões, da parte dos chefes dos sacerdotes e dos anciãos do povo. O seu traidor havia lhes dado sinal, dizendo: Aquele a quem eu beijar, é esse. Prendei-o. Logo ele se aproximou de Jesus, e disse: Felicitações, Rabi! E o beijou. Jesus, porém, lhe perguntou: Amigo, para que vieste? **E Jesus lhe disse: Judas, com um beijo trais ao Filho do homem?**

✝ *A prisão* (Jo 18:4)

Sabendo, pois, Jesus todas as coisas que viriam sobre ele, adiantou-se e disse-lhes: A quem buscais? Responderam-lhe: A Jesus Nazareno. Disse-lhes Jesus: Eu sou. E Judas, o que o traía, também estava com eles.   Quando, pois, lhes disse: Eu sou, voltaram para trás, e caíram em terra. Voltou, pois, a lhes perguntar: A quem buscais? E eles disseram: A Jesus Nazareno. Respondeu Jesus: Já vos disse que eu sou. Portanto se buscais a mim, deixai a estes irem. Para que se cumprisse a palavra, que tinha dito: Dos que me deste, a nenhum deles perdi.

✝ *Pedro corta a orelha de Malco* (Mt 26:51, Lc 22:51)

E eis que um dos que estavam com Jesus estendeu a mão, puxou de sua espada, e feriu o servo do sumo sacerdote, cortando-lhe uma orelha. Jesus, então, lhe disse: Põe de volta tua espada ao seu lugar, pois todos os que pegarem espada, pela espada perecerão. Ou, por acaso, pensas tu que eu não posso agora orar ao meu Pai, e ele me daria mais de doze legiões de anjos? Como, pois, se cumpririam as Escrituras que dizem que assim tem que ser feito? E respondendo Jesus, disse: Para com isto! E tocando-lhe a orelha, o curou.

✝ *Jesus questiona a Sua prisão* (Lc 22:52, Jo 18:12)

E disse Jesus aos chefes dos sacerdotes, e aos oficiais do Templo, e aos anciãos, que tinham vindo contra ele: Como se eu fosse ladrão, saístes com espadas e bastões? Estando eu convosco todo dia no Templo, contra mim não me prendestes; mas esta é a vossa hora, e sob a autoridade das trevas. O grupo de soldados pois, e o comandante, e os oficiais dos judeus juntamente tomaram a Jesus, e o amarraram.

✝ *Os discípulos fogem* (Mc 14:50, Mt 26:56)

Então, deixando-o, todos fugiram. E um certo rapaz o seguia, envolto em um lençol sobre o corpo nu. E os rapazes o seguraram. E ele, largando o lençol, fugiu deles nu. Porém tudo isto aconteceu para que as Escrituras dos profetas se cumpram. **Então todos os discípulos o abandonaram, e fugiram.**

✝ *Jesus perante o sumo sacerdote* (Mt 26:57)

Os que prenderam Jesus o trouxeram à casa de Caifás, o sumo sacerdote, onde os escribas e os anciãos estavam reunidos.

✝ *Jesus vai diante de Anás* (Jo 18:13)

E o levaram primeiramente a Anás, porque era sogro de Caifás, o qual era o sumo sacerdote daquele ano. E era Caifás o que havia aconselhado aos judeus de que convinha que um homem morresse pelo povo.

✝ *Pedro segue Jesus de longe* (Jo 18:15)

E Simão Pedro seguia a Jesus com outro discípulo. E este discípulo era conhecido do sacerdote, e entrou com Jesus na sala do sacerdote. E Pedro estava fora à porta. Saiu, pois, o outro discípulo, que era conhecido do sacerdote, e falou à porteira, e pôs dentro a Pedro.

✝ *Pedro nega Jesus* (Jo 18:17)

Disse, pois, a serva porteira a Pedro: Não és tu também dos discípulos deste homem? Disse ele: Não sou. E estavam ali os servos, e os oficiais, que haviam feito uma fogueira de brasas, porque fazia frio, e se esquentavam. Estava Pedro com eles, e se esquentava.

✝ *Anás questiona Jesus* (Jo 18:19)

Perguntou, pois, o sacerdote a Jesus sobre seus discípulos, e sobre sua doutrina. Jesus lhe respondeu: Eu abertamente falei ao mundo; eu sempre ensinei na sinagoga e no Templo, onde os Judeus de todos os lugares se juntam, e nada falei em oculto.

Por que perguntas a mim? Pergunta aos que o ouviram, que é o que lhes falei. Eis que estes sabem que é o que tenho dito. E dizendo ele isto, um dos oficiais, que ali estava, deu em Jesus uma bofetada, dizendo: Assim respondes ao sumo sacerdote?

Respondeu-lhe Jesus: Se falei mal, dá testemunho do mal; e de bem, por que me feres? (Pois Anás o mandara amarrado ao sumo sacerdote Caifás.)

✝ *Jesus diante de Caifás* (Mt 26:57)

Os que prenderam Jesus o trouxeram à casa de Caifás, o sumo sacerdote, onde os escribas e os anciãos estavam reunidos. E Pedro o seguia de longe, até o pátio do sumo sacerdote; e entrou, e se assentou com os servos, para ver o fim.

Os chefes dos sacerdotes, os anciãos, e todo o conselho buscavam falso testemunho contra Jesus, para poderem matá-lo, mas não encontravam. E ainda que muitas falsas testemunhas se apresentassem, contudo não as encontravam.

Mas, por fim, vieram duas falsas testemunhas, que disseram: Este disse: **"Posso derrubar o Templo de Deus e reconstruí-lo em três dias"**. Então o sumo sacerdote se levantou, e lhe perguntou: Não respondes nada ao que eles testemunham contra ti?

Porém Jesus ficava calado. Então o sumo sacerdote lhe disse: Ordeno-te pelo Deus vivo que nos digas se tu és o Cristo, o Filho de Deus. Jesus lhe disse: Tu o disseste.

Porém eu vos digo que, desde agora, vereis o Filho do homem, sentado à direita do Poderoso, e vindo sobre as nuvens do céu. Então o sumo sacerdote rasgou suas roupas, e disse: Ele blasfemou! Para que necessitamos mais de testemunhas? Eis que agora ouvistes a sua blasfêmia. Que vos parece? E eles responderam: Culpado de morte ele é. Então lhe cuspiram no rosto, e lhe deram socos.

✝ *Agridem a Jesus* (Lc 22:63)

E os homens que tinham prendido a Jesus zombavam dele, ferindo-o; e cobrindo-o, feriam-no no rosto; e perguntavam-lhe, dizendo: Profetiza, quem é o que te feriu? E diziam muitas outras coisas contra ele, insultando-o.

✝ Pedro nega a Jesus pela segunda vez *(Mc 14:69)*

E a serva vendo-o outra vez, começou a dizer aos que ali estavam: Este é um deles. Mas ele o negou outra vez. E pouco depois disseram os que ali estavam outra vez a Pedro: Verdadeiramente tu és um deles; pois também és Galileu, e a tua fala é semelhante.

✝ Pedro nega pela terceira vez e o galo canta *(Lc 22:59, Jo 18:26)*

E quando já tinha passado quase uma hora, outro afirmava, dizendo: Verdadeiramente também este estava com ele, porque também é Galileu. Disse um dos servos do sacerdote, parente daquele a quem Pedro cortara a orelha: Eu não te vi no jardim com ele? Pedro negou, pois, outra vez e logo cantou o galo.

✝ Jesus olha para Pedro *(Lc 22:61)*

E o Senhor, virando-se, olhou para Pedro; e Pedro se lembrou da palavra do Senhor, como lhe tinha dito: **Antes que o galo cante, tu me negarás três vezes.** E Pedro, saindo, chorou amargamente.

✝ Cristo perante o conselho *(Lc 22:66, Mt 27:1)*

E quando já era de dia, juntaram-se os anciãos do povo, e os chefes dos sacerdotes, e os escribas, e o trouxeram ao seu conselho, Dizendo Tu és o Cristo? Dize-nos. E ele lhes disse: Se eu vos disser, não o crereis. E também se eu perguntar, não me respondereis, nem me soltareis.

A partir de agora o Filho do homem se sentará à direita do poder de Deus. E todos disseram: Então tu és o Filho de Deus? E ele lhes disse: Vós dizeis que eu sou. E eles disseram: Para que precisamos de mais testemunho? Pois nós mesmos o ouvimos de sua boca. Vinda a manhã, todos os chefes dos sacerdotes e anciãos do povo juntamente se aconselharam contra Jesus, para o matarem.

✝ Judas se suicida *(Mt 27:3)*

Então Judas, o que o havia traído, ao ver que Jesus já estava condenado, devolveu, sentindo remorso, as trinta moedas de prata aos chefes dos sacerdotes e aos anciãos; e disse: Pequei, traindo sangue inocente.

Porém eles disseram: Que nos interessa? Isso é problema teu! Então ele lançou as moedas de prata no templo, saiu, e foi enforcar-se. Os chefes dos sacerdotes tomaram as moedas de prata, e disseram: Não é lícito pô-las no tesouro das ofertas, pois isto é preço de sangue.

Então juntamente se aconselharam, e compraram com elas o campo do oleiro, para ser cemitério dos estrangeiros. Por isso aquele campo tem sido chamado campo de sangue até hoje.

Assim se cumpriu o que foi dito pelo profeta Jeremias, que disse: Tomaram as trinta moedas de prata, preço avaliado pelos filhos de Israel, o qual eles avaliaram; e as deram pelo campo do oleiro, conforme o que o Senhor me mandou.

✝ *Jesus perante Pilatos* (Jo 18:28, Lc 23:2, Jo 18:31)

Levaram, pois Jesus da casa de Caifás para o tribunal. E era pela manhã; e não entraram no tribunal, para que não se contaminassem, mas que pudessem comer a Páscoa. Saiu, pois, Pilatos até eles fora, e disse: Que acusação trazeis contra este homem?

Responderam, e disseram-lhe: Se este não fosse malfeitor, não o entregaríamos a ti. E começaram a acusá-lo, dizendo: Encontramos este homem, que perverte a nação, e proíbe dar tributo a César, dizendo que ele mesmo é Cristo, o Rei. Disse-lhes, pois, Pilatos: Tomai-o vós, e julgai-o segundo vossa lei. Disseram-lhe, pois, os Judeus: Não nos é lícito matar a alguém. Para que se cumprisse a palavra de Jesus, que tinha dito, dando a entender de que morte havia de morrer.

✝ *Pilatos interroga Jesus* (Jo 18:33)

Então Pilatos voltou a entrar no tribunal, e chamou a Jesus, e disse-lhe: És tu o Rei dos Judeus? Respondeu-lhe Jesus: Tu dizes isso de ti mesmo, ou outros te disseram de mim?

Pilatos respondeu: Por acaso eu sou judeu? O teu povo e os chefes dos sacerdotes te entregaram a mim; que fizeste? Respondeu Jesus: **Meu Reino não é deste mundo**; se meu Reino fosse deste mundo, meus trabalhadores lutariam, para que eu não fosse entregue aos Judeus; mas agora meu Reino não é daqui.

✝ *Pilatos delibera* *(Jo 18:37, Mt 27:12)*

Disse-lhe, pois, Pilatos: Logo tu és Rei? Respondeu Jesus: Tu dizes que eu sou Rei. Para isto eu nasci, e para isto vim ao mundo: para dar testemunho à verdade. Todo aquele que é da verdade ouve minha voz. Disse-lhe Pilatos: O que é a verdade? E havendo dito isto, voltou a sair aos Judeus, e disse-lhes: **Nenhum crime acho nele.** Mas vós tendes por costume que eu vos solte um pela páscoa. Quereis, pois que vos solte ao Rei dos Judeus? Voltaram, pois, todos a clamar, dizendo: Não a este, mas a Barrabás! E Barrabás era um ladrão. E, sendo ele foi acusado pelos chefes dos sacerdotes e pelos anciãos, nada respondeu. Pilatos, então, lhe disse: Não ouves quantas coisas estão testemunhando contra ti? Mas Jesus não lhe respondeu uma só palavra, de maneira que o governador ficou muito maravilhado.

✝ *Jesus diante de Herodes* *(Lc 23:5)*

Mas eles insistiam, dizendo: Ele incita ao povo, ensinando por toda a Judéia, começando desde a Galiléia até aqui. Então Pilatos, ouvindo falar da Galiléia, perguntou se aquele homem era Galileu. E quando soube que era da jurisdição de Herodes, ele o entregou a Herodes, que naqueles dias também estava em Jerusalém.

E Herodes, ao ver Jesus, alegrou-se muito, porque havia muito tempo que desejava o ver, pois ouvia muitas coisas sobre ele; e esperava ver algum sinal feito por ele.

E perguntava-lhe com muitas palavras, mas ele nada lhe respondia; E estavam lá os chefes dos sacerdotes, e os escribas, acusando-o com veemência. E Herodes, com seus soldados, desprezando-o, e escarnecendo dele, o vestiu com uma roupa luxuosa, e o enviou de volta a Pilatos. E no mesmo dia Pilatos e Herodes se fizeram amigos; porque antes tinham inimizade um contra o outro.

✝ *A esposa de Pilatos* *(Mt 27:19)*

E enquanto ele estava sentado no assento de juiz, sua mulher lhe enviou a seguinte mensagem: Nada faças com aquele justo, pois hoje sofri muito em sonhos por causa dele.

✝ *Pilatos não acha culpa em Jesus* (Lc 23:13)

E Pilatos, convocando aos chefes dos sacerdotes, aos líderes, e ao povo, disse-lhes: Vós me trouxestes a este homem, como que perverte o povo; e eis que eu, examinando-o em vossa presença, nenhuma culpa eu acho neste homem, das que o acusais. E nem também Herodes; porque a ele eu vos remeti; e eis que ele nada fez para que seja digno de morte. Então eu o castigarei, e depois o soltarei.

✝ *Jesus ou Barrabás* (Mc 15:6)

E na festa Pilatos lhes soltava um preso, qualquer que eles pedissem. E havia um chamado Barrabás, preso com outros revoltosos, que em uma rebelião tinha cometido uma morte. E a multidão, dando gritos, começou a pedir que fizesse como sempre lhes tinha feito. E Pilatos lhes respondeu, dizendo: Quereis que vos solte ao Rei dos Judeus? (Porque ele sabia, que os chefes dos sacerdotes o entregaram por inveja). Mas os Príncipes dos Sacerdotes agitaram a multidão, para que, ao invés disso, lhes soltasse a Barrabás. E respondendo Pilatos, disse-lhes outra vez: Que, pois, quereis que eu faça do que chamais Rei dos Judeus? E eles voltaram a clamar: Crucifica-o! Mas Pilatos lhes disse: **Pois que mal ele fez? E eles clamavam ainda mais: Crucifica-o!** Mas Pilatos, querendo satisfazer à multidão, soltou-lhes a Barrabás, e entregou a Jesus açoitado, para que fosse crucificado.

✝ *A coroa de espinhos* (Mt 27:27)

Em seguida, os soldados do governador levaram Jesus consigo ao pretório, ajuntaram-se a ele toda a unidade militar. Eles o despiram e o cobriram com um manto vermelho. E, depois de tecerem uma coroa de espinhos, puseram-na sobre a sua cabeça, e uma cana em sua mão direita. Em seguida, puseram-se de joelhos diante dele, zombando-o e diziam: Felicitações, Rei dos Judeus! E cuspiram nele, tomaram a cana, e deram-lhe golpes na cabeça.

✝ *Pilatos tenta soltar Jesus* (Jo 19:4)

Saiu, pois Pilatos outra vez fora, e disse-lhes: **Eis que eu o trago para fora até vós, para que saibais que nenhum crime acho nele.** Jesus foi, pois, trazido para fora, levando a coroa de espinhos, e a roupa púrpura. E Pilatos disse-lhes: Eis aqui o homem.

Quando então os principais sacerdotes e os guardas o viram, eles clamaram, dizendo: Crucifica-o! Crucifica-o! Disse-lhes Pilatos: Tomai-o vós, e crucificai-o; porque eu nenhum crime acho nele. Responderam-lhe os Judeus: Nós temos Lei, e segundo nossa Lei ele deve morrer, porque se fez Filho de Deus. Quando, pois, Pilatos ouviu esta palavra, ficou mais atemorizado. E entrou outra vez no tribunal, e disse a Jesus: De onde és tu? Mas Jesus não lhe deu resposta. Disse-lhe, pois Pilatos: Não falas comigo? Não sabes que tenho poder para te crucificar, e tenho poder para te soltar? Respondeu Jesus: **Nenhum poder terias contra mim, se não te fosse dado de cima**; portanto o que me entregou a ti tem maior pecado. Desde então Pilatos procurava soltá-lo; mas os Judeus clamavam, dizendo: Se soltas a este, não és amigo de César; qualquer que se faz Rei, contradiz a César. Então Pilatos, ouvindo este dito, levou fora a Jesus, e sentou-se no tribunal, no lugar chamado Litóstrotos, ou pavimento, e em hebraico Gabatá. E era a preparação da páscoa, e quase à hora sexta, e disse aos Judeus: Eis aqui vosso Rei! Mas eles bradaram: Tira, tira, crucifica-o! Disse-lhes Pilatos: Crucificarei a vosso Rei? Responderam os chefes dos sacerdotes: Não temos outro rei, a não ser César.

✝ *Pilatos lava as mãos* (Mt 27:24)

Quando, pois, Pilatos viu que nada adiantava, em vez disso se fazia mais tumulto, ele pegou água, lavou as mãos diante da multidão, e disse: Estou inocente do sangue deste justo. A responsabilidade é vossa. E todo o povo respondeu: O sangue dele venha sobre nós, e sobre os nossos filhos.

✝ *Soltam Barrabás* (Lc 23:24)

Então Pilatos julgou que se fizesse o que pediam. E soltou-lhes ao que fora lançado na prisão por uma rebelião e uma morte, que era o que pediam; porém a Jesus lhes entregou à sua vontade.

✝ *Jesus é levado para a crucificação* (Mc 15:20, Jo 19:17)

E havendo o escarnecido, despiram-lhe a capa púrpura, e o vestiram de suas próprias roupas, e o levaram fora, para o crucificarem... E levando ele sua cruz, saiu para o lugar chamado a Caveira, que em hebraico se chama Gólgota.

✝ Simão, o Cirineu (Mc 15:21)

E forçaram a um Simão Cirineu, que passava por ali, e vinha do campo, o pai de Alexandre e de Rufo, que levasse sua cruz.

✝ As mulheres choram por Jesus (Lc 23:27)

E seguia-o uma grande multidão do povo, e de mulheres, as quais também ficavam desconsoladas, e lamentavam por ele. E Jesus, virando-se para elas, disse: Filhas de Jerusalém, não choreis por mim, mas chorai por vós mesmas, e por vossos filhos. Porque eis que vêm dias em que dirão: Bem-aventuradas as estéreis, e os ventres que não deram à luz, e os peitos que não amamentaram. Então começarão a dizer aos montes: "Caiam sobre nós; E aos morros: Cobri-nos!" Porque, se fazem isto à árvore verde, o que se fará com a árvore seca?

✝ A crucificação (Mt 27:33, Lc 23:33, Jo 19:23)

E quando chegaram ao lugar chamado Gólgota, que significa "o lugar da caveira", deram-lhe de beber vinagre misturado com fel. E, depois de provar, não quis beber. **E havendo-o crucificado, repartiram suas roupas, lançando sortes**; para que se cumprisse o que foi dito pelo profeta: *"Repartiram entre si minhas roupas, e sobre minha túnica lançaram sortes"* O crucificaram ali, e aos malfeitores, um à direita, e outro à esquerda. Havendo, pois, os soldados crucificado a Jesus, tomaram suas roupas, e fizeram quatro partes, para cada soldado uma parte, e a túnica. E era a túnica sem costura, toda tecida desde cima até baixo.

✝ Jesus intercede pelos Seus inimigos (Lc 23:34)

E Jesus dizia: *"Pai, perdoa-lhes, porque não sabem o que fazem."*

✝ A hora terceira (Jo 19:19, Mc 15:25, Mt 27:43)

E Pilatos também escreveu um título, e o pôs encima da cruz, e estava nele escrito: **JESUS NAZARENO, REI DOS JUDEUS**. Leram, pois, muitos dos Judeus este título; porque o lugar onde Jesus estava crucificado era perto da cidade; e estava escrito em hebraico, em grego, e em latim. Diziam, pois, os chefes dos sacerdotes dos judeus a Pilatos: Não escrevas: Rei dos Judeus, mas que disse: Sou Rei dos Judeus. Respondeu Pilatos: O que escrevi, escrevi.

E era à hora terceira, e o crucificaram. E a descrição de sua causa estava por cima dele escrita: O REI DOS JUDEUS. E crucificaram com ele dois ladrões, um à sua direita, e outro à esquerda. E cumpriu-se a Escritura que diz: E foi contado com os malfeitores.

E os que passavam, blasfemavam dele, balançando suas cabeças, e dizendo: Ah! Tu que derrubas o templo, e em três dias o edificas; salva-te a ti mesmo, e desce da cruz! E da mesma maneira também os chefes dos sacerdotes, com os escribas, diziam uns para os outros, escarnecendo: Ele salvou a outros, a si mesmo não pode salvar! Que o Cristo, o Rei de Israel, desça agora da cruz, para que o vejamos, e creiamos! Os que estavam crucificados com ele também o insultavam. Confiou em Deus, livre-o agora, se lhe quer bem; pois disse: "Sou Filho de Deus".

✝ *Escarnecido pelos soldados (Lc 23:36)*

E os soldados também escarneciam dele, aproximando-se dele, e mostrando-lhe vinagre; E dizendo: Se tu és o Rei dos judeus, salva a ti mesmo.

✝ *Hoje estarás comigo no paraíso (Lc 23:39)*

E um dos malfeitores que estavam pendurados o insultava, dizendo: Se tu és o Cristo, salva a ti mesmo, e a nós. Porém o outro, respondendo, repreendia-o, dizendo: Tu ainda não temes a Deus, mesmo estando na mesma condenação? E nós realmente estamos sendo punidos justamente, porque estamos recebendo de volta merecidamente por aquilo que praticamos; mas este nada fez de errado.

E disse a Jesus: Senhor, lembra-te de mim, quando chegares em teu Reino. E Jesus lhe disse: **Em verdade te digo, hoje estarás comigo no paraíso.**

✝ *Jesus pede a João por Maria (Jo 19:25)*

E estavam junto à cruz de Jesus, sua mãe, e a irmã de sua mãe, Maria mulher de Cleofas, e Maria Madalena. E vendo Jesus a sua mãe, e ao discípulo a quem amava que ali estava, disse a sua mãe: Mulher, eis aí teu filho. Depois disse ao discípulo: Eis aí tua mãe. E desde àquela hora o discípulo a recebeu em sua casa.

✝ *A hora sexta: Escuridão sobre a terra* (Mt 27:45)

Desde a hora sexta houve trevas sobre toda a terra até a hora nona.

✝ *A hora nona: Deus meu, Deus meu!* (Mt 27:46, Mt 27:49)

E perto da hora nona, Jesus gritou em alta voz: *"Eli, Eli, lamá sabactâni?"* Isto é: Deus meu, Deus meu, porque me desamparaste? E alguns dos que ali estavam, quando ouviram, disseram: Ele está chamando Elias. Porém os outros disseram: Deixa, vejamos se Elias vem livrá-lo.

✝ *A morte de Jesus* (Jo 19:28, Lc 23:46, Jo 19:30b, Lc 23:48)

Depois disto, sabendo Jesus que já todas as coisas estavam feitas, para que a Escritura se cumprisse, ele disse: Tenho sede. Estava, pois ali um vaso cheio de vinagre, e encheram uma esponja de vinagre, e envolvendo-a com hissopo, levaram-na a sua boca.

Quando, pois, Jesus tomou o vinagre, disse: Está consumado; E Jesus, clamando em alta voz, disse: Pai, em tuas mãos eu entrego meu espírito. E tendo dito isto, parou de respirar ...e abaixando a sua cabeça, deu o seu Espírito.

E todas as multidões que se juntavam para observar, vendo o que tinha acontecido, voltaram, batendo nos peitos. E todos os seus conhecidos, e as mulheres que o acompanhando desde a Galiléia, tinham o seguido, estavam longe, vendo estas coisas.

✝ *O véu do templo se rasga* (Mt 27:51)

E eis que o véu do Templo se rasgou em dois, de cima até embaixo, a terra tremeu, e as pedras se fenderam. Os sepulcros se abriram, e muitos corpos de santos que tinham morrido foram ressuscitados. E, depois de ressuscitarem, saíram dos sepulcros, vieram à santa Cidade, e apareceram a muitos.

✝ O centurião crê *(Mt 27:54)*

E o centurião, e os que com ele vigiavam Jesus, ao verem o terremoto e as coisas que haviam sucedido, tiveram muito medo, e disseram: **Verdadeiramente ele era Filho de Deus.** Muitas mulheres, que desde a Galiléia haviam seguido Jesus, e o serviam, estavam ali, olhando de longe. Entre elas estavam Maria Madalena, e Maria mãe de Tiago e de José, e a mãe dos filhos de Zebedeu.

✝ *Jesus traspassado (Jo 19:31)*

Os Judeus, pois, para que os corpos não ficassem no sábado na cruz, pois era a preparação (porque era o grande dia do Sábado), suplicaram a Pilatos que as pernas deles fossem quebradas, e fossem tirados.

Vieram, pois, os soldados, e na verdade quebraram as pernas do primeiro, e do outro, que fora crucificado com ele. Mas vindo a Jesus, e vendo-o já morto, não quebraram as suas pernas. Mas um dos soldados lhe furou com uma lança o lado, e logo saiu sangue e água.

E o que viu isto, o testemunhou; e seu testemunho é verdadeiro, e sabe que é verdade o que diz, para que vós também creiais.

Porque estas coisas aconteceram para que se cumprisse a Escritura que diz: Osso dele não será quebrado. E além disso, outra Escritura diz: Verão aquele a quem perfuraram.

✝ *A preparação do corpo (Mt 27:57, Mc 15:44, Jo 19:39)*

E chegado ao entardecer, veio um homem rico de Arimatéia, por nome José, que também era discípulo de Jesus. Ele chegou a Pilatos, e pediu o corpo de Jesus. E Pilatos se maravilhou de que já fosse morto. E chamando a si ao centurião, perguntou-lhe se era morto já havia muito tempo. E havendo sido explicado pelo centurião, deu o corpo a José.

E veio também Nicodemos, (aquele que antes de noite tinha vindo a Jesus) trazendo um composto de mirra e aloés, de quase cem arráteis. Tomaram, pois o corpo de Jesus, e o envolveram em lençóis com as especiarias, como é costume de os judeus sepultarem.

✝ *O sepultamento* (Jo 19:41, Mt 27:60)

E havia um jardim naquele lugar onde fora crucificado; e no jardim havia um sepulcro novo, em que ainda nunca alguém havia sido posto. Ali, pois (por causa da preparação da páscoa dos Judeus, e porque aquele sepulcro estava perto) puseram a Jesus... E o pôs em seu sepulcro, que tinha escavado numa rocha; em seguida rolou uma grande pedra à porta do sepulcro, e foi embora. E ali estavam Maria Madalena e a outra Maria, sentadas de frente ao sepulcro.

✝ *As mulheres descansam* (Lc 23:56)

E elas, ao voltarem, prepararam materiais aromáticos e óleos perfumados. E descansaram o sábado, conforme o mandamento.

✝ *Os guardas* (Mt 27:62)

No dia seguinte, que é o depois da preparação, os chefes dos sacerdotes, e os fariseus se reuniram com Pilatos, e disseram: Senhor, nos lembramos que aquele enganador, enquanto ainda vivia, disse: **"Depois de três dias serei ressuscitado"**. Portanto, manda que o sepulcro esteja em segurança até o terceiro dia, para que não aconteça que seus discípulos virem de noite, e o furtem, e digam ao povo que ele ressuscitou dos mortos; e assim o último engano será pior que o primeiro. Pilatos lhes disse: Vós tendes uma guarda. Ide fazer segurança como o entendeis. E eles se foram, e fizeram segurança no sepulcro com a guarda, selando a pedra.

Os 40 dias desde a ressurreição até a ascensão

❧ *A pedra removida* (Mt 28:2)

E eis que houve um grande terremoto; porque um anjo do Senhor desceu do céu, chegou, e moveu a pedra da entrada, e ficou sentado sobre ela. A aparência dele era como um relâmpago, e sua roupa branca como a neve. E de medo dele os guardas temeram muito, e ficaram como mortos.

❧ *As mulheres vão ao sepulcro* (Mc 16:1)

E passado o sábado, Maria Madalena, e Maria mãe de Tiago, e Salomé, compraram especiarias, para virem, e o ungirem. E manhã muito cedo, o primeiro dia da semana, vieram ao sepulcro, o sol já saindo. E diziam umas às outras: Quem nos revolverá a pedra da porta do sepulcro? Porque era muito grande. E observando, viram que já a pedra estava revolta.

❧ *A ressurreição anunciada* (Mc 16:5, Mt 28:5, Lc 24:5b, Mt 28:7, Mc 16:8b)

E entrando no sepulcro, viram um rapaz sentado à direita, vestido de uma roupa comprida branca; e elas se espantaram. Mas ele lhes disse: Não vos espanteis; buscais a Jesus Nazareno crucificado; **ele já ressuscitou**; não está aqui; eis aqui o lugar onde o puseram. Porém ide, dizei a seus discípulos e a Pedro, que ele vos vai adiante para a Galiléia; ali o vereis, como ele vos disse. Mas o anjo disse às mulheres: Não vos atemorizeis, pois eu sei que buscais Jesus, o que foi crucificado. Ele não está aqui, pois já ressuscitou, como ele disse. Vinde ver o lugar onde o Senhor jazia.... Por que buscam entre os mortos aquele que vive? Ele não está aqui, mas já ressuscitou. Lembrai-vos de como ele vos falou, quando ainda estava na Galiléia, Dizendo: É necessário que o Filho do homem seja entregue nas mãos de homens pecadores, e que seja crucificado, e ressuscite ao terceiro dia. E se lembraram das palavras dele... Ide depressa dizer aos seus discípulos que ele ressuscitou dos mortos; e eis que vai adiante de vós para a Galiléia; ali o vereis. Eis que eu tenho vos dito. Então elas saíram apressadamente do sepulcro, com temor e grande alegria, e correram para anunciar aos seus discípulos. ... e não diziam nada a ninguém, porque temiam.

❧ *Os guardas avisam aos sacerdotes* (Mt 28:11)

Enquanto elas iam, eis que alguns da guarda vieram à cidade, e anunciaram aos chefes dos sacerdotes tudo o que havia acontecido. Então eles se reuniram com os anciãos, depois de decidirem em conjunto, deram muito dinheiro aos soldados, dizendo: Falai: "Os discípulos dele vieram de noite, e o furtaram enquanto estávamos dormindo". E, se isto for ouvido pelo governador, nós o persuadiremos, e vos manteremos seguros. Eles tomaram o dinheiro e fizeram como foram instruídos. E este dito foi divulgado entre os judeus até hoje.

❧ *Pedro e João são avisados* *(Jo 20:2)*

Correu, pois [Maria Madalena] e veio a Simão Pedro, e ao outro discípulo a quem Jesus amava, e disse-lhes: Tomaram o Senhor do sepulcro, e não sabemos onde o puseram.

❧ *Pedro e João correm ao sepulcro* *(Jo 20:3)*

Pedro saiu, pois, e o outro discípulo também, e vieram ao sepulcro. E corriam estes dois juntos: e o outro discípulo correu adiante mais depressa que Pedro, e chegou primeiro ao sepulcro. E abaixando-se, viu estar os lençóis; entretanto não entrou. Chegou, pois, Simão Pedro seguindo-o, e entrou no sepulcro, e viu estar os lençóis ali. E o lenço que fora posto sobre sua cabeça, não o viu estar com os lençóis, mas estava dobrado em um lugar à parte. Então pois entrou também o outro discípulo, que primeiro chegara ao sepulcro, e viu, e creu. Porque ainda não entendiam a Escritura, que era necessário que ressuscitasse dos mortos. Voltaram, pois, os Discípulos para a casa deles.

❧ *Jesus aparece para Maria Madalena* *(Mc 16:9, Jo 20:11, Mc 16:10)*

E Jesus, tendo ressuscitado pela manhã, o primeiro da semana, apareceu primeiramente a Maria Madalena, da qual tinha expulsado sete demônios. E Maria estava fora chorando junto ao sepulcro. Estando ela, pois chorando, abaixou-se para ver o sepulcro. E viu a dois anjos vestidos de branco, sentados um à cabeceira, e o outro aos pés, onde estava posto o corpo de Jesus. E disseram-lhe eles: Mulher, por que choras? Disse-lhes ela: Porque levaram a meu Senhor, e não sei onde o puseram. E havendo dito isto, virou-se para trás, e viu Jesus em pé, e não sabia que era Jesus. Disse-lhe Jesus: Mulher, por que choras? A quem buscas? Ela, pensando que era o jardineiro, disse-lhe: Senhor, se tu o levaste, diga-me onde o puseste, e eu o levarei. Disse-lhe Jesus: Maria! Ela, virando-se, disse-lhe: Rabôni! (Que quer dizer Mestre). Disse-lhe Jesus: Não me detenhas; porque ainda não subi para o meu Pai; porém vai a meus irmãos, e dize-lhes: Subo para meu Pai, e para vosso Pai; para meu Deus, e para vosso Deus... Esta, tendo indo, anunciou aos que estiveram com ele, os quais estavam tristes e chorando. E eles, ao ouvirem que ele vivia, e que tinha sido visto por ela, não creram.

❧ Jesus aparece para as outras mulheres (Mt 28:9)

E, enquanto elas iam anunciar aos seus discípulos, eis que Jesus veio ao encontro delas, e disse: Saudações. Elas se aproximaram, pegaram os pés dele, e o adoraram. Jesus, então, lhes disse: Não temais. Ide anunciar aos meus irmãos para eles irem à Galiléia, e ali me verão.

❧ As mulheres relatam aos discípulos (Lc 24:9)

E, voltando do sepulcro, anunciaram todas estas coisas aos onze, e a todos os outros. E eram Maria Madalena, e Joana, e Maria mãe de Tiago, e as outras que estavam com elas, que diziam estas coisas aos apóstolos. E para eles, as palavras delas pareciam não ter sentido; e não creram nelas.

❧ Jesus aparece a dois discípulos indo para Emaús (Lc 24:13)

E eis que dois deles iam naquele mesmo dia a uma aldeia, cujo nome era Emaús, que estava a sessenta estádios de distância de Jerusalém. E iam falando entre si de todas aquelas coisas que tinham acontecido.

E aconteceu que, enquanto eles estavam conversando entre si, e perguntando um ao outro, Jesus se aproximou, e foi junto deles. Mas seus olhos foram retidos, para que não o reconhecessem.

E disse-lhes: Que conversas são essas, que vós discutis enquanto andam, e ficais tristes? E um deles, cujo nome era Cleofas, respondendo-o, disse-lhe: És tu o único viajante em Jerusalém que não sabe as coisas que nela tem acontecido nestes dias?

E ele lhes disse: Quais? E eles lhe disseram: As sobre Jesus de Nazaré, a qual foi um homem profeta, poderoso em obras e em palavras, diante de Deus, e de todo o povo. E como os chefes dos sacerdotes, e nossos líderes o entregaram à condenação de morte, e o crucificaram.

E nós esperávamos que ele fosse aquele que libertar a Israel; porém além de tudo isto, hoje é o terceiro dia desde que estas coisas aconteceram.

Ainda que também algumas mulheres dentre nós nos deixaram surpresos, as quais de madrugada foram ao sepulcro; E não achando seu corpo, vieram, dizendo que também tinham visto uma aparição de anjos, que disseram que ele vive.

E alguns do que estão conosco foram ao sepulcro, e o acharam assim como as mulheres tinham dito; porém não o viram. E ele lhes disse: **Ó tolos, que demoram no coração para crerem em tudo o que os profetas falaram!** Por acaso não era necessário que o Cristo sofresse estas coisas, e então entrar em sua glória? E começando de Moisés, e por todos os profetas, lhes declarava em todas as Escrituras o que estava escrito sobre ele. E chegaram à aldeia para onde estavam indo; e ele agiu como se fosse para um lugar mais distante.

❧ *Jesus se revela aos dois discípulos (Lc 24:29)*

E eles lhe rogaram, dizendo: Fica conosco, porque já é tarde, e o dia está entardecendo; E ele entrou para ficar com eles. E aconteceu que, estando sentado com eles à mesa, tomou o pão, abençoou-o, e partiu, e o deu a eles. E os olhos deles se abriram, e o reconheceram, e ele lhes desapareceu. E diziam um ao outro: Por acaso não estava nosso coração ardendo em nós, quando ele falava conosco pelo caminho, e quando nos desvendava as Escrituras? E levantando-se na mesma hora, voltaram para Jerusalém, e acharam reunidos aos onze, e aos que estavam com eles, Que diziam: Verdadeiramente o Senhor ressuscitou, e já apareceu a Simão.

❧ *Eles regressam a Jerusalém para avisar (Lc 24:33)*

E levantando-se na mesma hora, voltaram para Jerusalém, e acharam reunidos aos onze, e aos que estavam com eles, que diziam: Verdadeiramente o Senhor ressuscitou, e já apareceu a Simão.

❧ *Jesus aparece aos discípulos sem Tomé (Lc 24:35)*

E eles contaram as coisas que lhes aconteceram no caminho; e como foi reconhecido por eles quando partiu o pão. E enquanto eles falavam disto, o próprio Jesus se pôs no meio deles, e lhes disse: Paz seja convosco. E eles, espantados, e muito atemorizados, pensavam que viam algum espírito.

E ele lhes disse: Por que estais perturbados, e por que sobem dúvidas em vossos corações? Vede minhas mãos, e os meus pés, que sou eu mesmo. Tocai-me, e vede, porque um espírito não tem carne nem ossos, como vós vedes que eu tenho. E dizendo isto, lhes mostrou as mãos e os pés.

E eles, não crendo ainda, por causa da alegria, e maravilhados, Jesus disse-lhes: Tendes aqui alguma coisa para comer? Então eles lhe apresentaram parte de um peixe assado e de um favo de mel. Ele pegou, e comeu diante deles.

E disse-lhes: Estas são as palavras que eu vos disse, enquanto ainda estava convosco, que era necessário que se cumprissem todas as coisas que estão escritas sobre mim na Lei de Moisés, nos profetas, e nos Salmos. Então ele lhes abriu o entendimento, para que entendessem as Escrituras.

✤ Os apóstolos recebem o Espírito Santo (Jo 20:21)

Disse-lhes, pois, Jesus outra vez: Tenhais Paz! Como o Pai me enviou, assim eu vos envio. **E havendo dito isto, soprou sobre eles, e disse-lhes: Recebei o Espírito Santo.** A quem quer que perdoardes os pecados, lhes são perdoados; e a quem quer que vós retiverdes os pecados, lhes são retidos.

✤ A incredulidade de Tomé (Jo 20:24)

E a Tomé, um dos doze, chamado o Dídimo, não estava com eles, quando Jesus veio. Disseram-lhe, pois, os outros discípulos: Vimos ao Senhor.

Porém ele lhes disse: Se em suas mãos não vir o sinal dos cravos, e não pôr meu dedo no lugar dos cravos, e não pôr minha mão em seu lado, em maneira nenhuma crerei.

✤ Jesus aparece a Tomé (Jo 20:26)

E oito dias depois, estavam os discípulos outra vez dentro, e com eles Tomé; e veio Jesus, fechadas já as portas, e pôs-se no meio, e disse: Tenhais paz! Depois disse a Tomé: Põe teu dedo aqui, e vê minhas mãos; e chega tua mão, e toca-a em meu lado; e não sejas incrédulo, mas sim crente.

E respondeu Tomé e disse-lhe: Senhor meu, e Deus meu! Disse-lhe Jesus: Porque me viste, Tomé, creste; bem-aventurados aqueles que não virem, e crerem.

❦ Jesus aparece a sete discípulos - *A segunda pesca milagrosa* *(Jo 21:1)*

Depois disto Jesus se manifestou outra vez aos discípulos, junto ao mar de Tiberíades; e manifestou-se assim: Estavam juntos Simão Pedro, e Tomé (chamado o Dídimo), e Natanael (o de Caná de Galiléia), e os filhos de Zebedeu, e outros dois de seus discípulos. Disse-lhes Simão Pedro: Vou pescar. Disseram-lhe eles: Também nós vamos contigo. Foram, e subiram logo no barco; e aquela noite nada pescaram. E fazendo-se já manhã, Jesus se pôs na praia; porém os discípulos não sabiam que era Jesus. Então Jesus lhes disse: Filhinhos, tendes algo para comer?

Responderam-lhe: Não. E ele lhes disse: Lançai a rede do lado direito do barco, e achareis. Lançaram-na, pois, e já não a podiam tirar pela multidão dos peixes.

Disse, pois, aquele discípulo, a quem Jesus amava, a Pedro: É o Senhor! Ouvindo, pois, Simão Pedro que era o Senhor, vestiu-se com a roupa, (porque estava nu), e lançou-se ao mar. E os outros discípulos vieram com o barquinho (porque não estavam longe da terra, mas sim a cerca de duzentos côvados) trazendo a rede de peixes. Quando, pois, desceram à terra, viram já as brasas postas, e um peixe posto nelas, e mais pão.

Disse-lhes Jesus: Trazei dos peixes que pescastes agora. Simão Pedro subiu, e puxou a rede para a terra, cheia de cento e cinquenta e três grandes peixes; e sendo tantos, a rede não se rompeu. Disse-lhes Jesus: Vinde, jantai. E nenhum dos discípulos ousava lhe perguntar: Tu quem és? Sabendo que era o Senhor. Então Jesus veio, e tomou o pão, e deu-o a eles; e da mesma maneira o peixe. E esta era já a terceira vez que Jesus se manifestou a seus discípulos, depois de haver ressuscitado dos mortos.

❦ Jesus examina a Pedro *(Jo 21:15)*

Havendo eles pois já jantado, disse Jesus a Simão Pedro: Simão filho de Jonas, tu me amas mais do que estes outros?

Disse-lhes ele: Sim, Senhor, tu sabes que te amo. Disse-lhe: Apascenta minhas ovelhas. Voltou a lhe a dizer a segunda vez: Simão, filho de Jonas, tu me amas? Disse-lhe: Sim, Senhor, tu sabes que te amo. Disse-lhe: Apascenta minhas ovelhas.

Disse-lhe a terceira vez: Simão, filho de Jonas, tu me amas? Entristeceu-se Pedro de que já pela terceira vez lhe dissesse: Tu me amas? E disse-lhe: Senhor, tu sabes todas as coisas, tu sabes que eu te amo. Disse-lhe Jesus: Apascenta minhas ovelhas.

❧ *Jesus prediz a morte de Pedro* (Jo 21:18)

Em verdade, em verdade te digo, que quando eras mais jovem, tu mesmo te vestias, e andava por onde querias; mas quando fores já velho, estenderás tuas mãos, e outro te vestirá, e te levará para onde tu não queres. E disse isto, fazendo entender que Pedro glorificaria a Deus com sua morte. E tendo dito isto, Jesus lhe disse: Segue-me.

❧ *Pedro questiona sobre João* (Jo 21:20)

E virando-se Pedro, viu que o seguia aquele discípulo a quem Jesus amava, o que também na ceia se recostara a seu peito, e dissera: Senhor, quem é o que te trairá? Vendo Pedro a este, disse a Jesus: Senhor, e este, que lhe acontecerá? Disse-lhe Jesus: Se eu quero que ele fique até que eu venha, que te importa? Segue-me tu.

Saiu, pois, esta conversa entre os irmãos, que aquele discípulo não morreria. Contudo Jesus não lhe disse que não morreria, mas sim: Se eu quero que ele fique até que eu venha, que te importa? Este é o discípulo que testemunha destas coisas, e estas coisas escreveu; e sabemos que seu testemunho é verdadeiro.

❧ *Aparição aos onze na Galiléia* (Mt 28:16)

Os onze discípulos se foram para a Galiléia, ao monte onde Jesus tinha lhes ordenado. E quando o viram, o adoraram; porém alguns duvidaram. Jesus se aproximou deles, e lhes falou: Todo o poder me é dado no céu e na terra.

❧ *Aparição a mais de quinhentas pessoas* (1Co 15:6)

Depois foi visto de uma vez, por mais de quinhentos irmãos, dos quais a maioria ainda vive, e também alguns já dormem.

❧ *A grande comissão* (Mt 28:19, Mc 16:16)

Portanto ide, fazei discípulos a todas as nações, batizando-os em nome do Pai, do Filho, e do Espírito Santo, ensinando-lhes a guardar todas as coisas que eu vos tenho mandado. E eis que eu estou convosco todos os dias, até o fim dos tempos. Amém... quem crer e for batizado será salvo; mas quem não crer será condenado.

❧ *Os sinais seguirão aos que crerem* (Mc 16:17)

E estes sinais seguirão aos que crerem: em meu nome expulsarão demônios; falarão novas línguas; pegarão serpentes com as mãos; e se beberem alguma coisa mortífera, não lhes fará dano algum; porão as mãos sobre os enfermos, e sararão.

❧ *Jesus abre o entendimento dos discípulos* (Lc 24:44)

E disse-lhes: Estas são as palavras que eu vos disse, enquanto ainda estava convosco, que era necessário que se cumprissem todas as coisas que estão escritas sobre mim na Lei de Moisés, nos profetas, e nos Salmos. Então ele lhes abriu o entendimento, para que entendessem as Escrituras. E disse-lhes: Assim está escrito, e assim era necessário que o Cristo sofresse, e que ao terceiro dia ressuscitasse dos mortos; E que em seu nome fosse pregado arrependimento e perdão de pecados em todas as nações, começando de Jerusalém. E destas coisas vós sois testemunhas.

❧ *As últimas instruções* (Lc 24:49, At 1:4)

E eis que eu envio a promessa de meu Pai sobre vós; porém ficai vós na cidade de Jerusalém, até que vos seja dado poder do alto. E os levou para fora até Betânia, e levantando suas mãos, os abençoou... E, reunindo-os, mandou-lhes que não saíssem de Jerusalém, mas que esperassem a promessa do Pai que disse vós de mim ouvistes. Porque João batizou com água, mas vós sereis batizados com o Espírito Santo, não muitos dias depois destes.

Então aqueles que tinham se reunido lhe perguntaram, dizendo: Senhor, tu restaurarás neste tempo o Reino a Israel? E ele lhes disse: Não pertence a vós saber os tempos ou estações que o Pai pôs em sua própria autoridade. Mas vós recebereis poder do Espírito Santo, que virá sobre vós; e vós sereis minhas testemunhas, tanto em Jerusalém como em toda a Judéia, e Samaria, e até aos confins da terra.

❧ *A ascensão do Senhor* (Lc 24:50, At 1:10)

E os levou para fora até Betânia, e levantando suas mãos, os abençoou. E aconteceu que, enquanto os abençoava, ele se afastou deles, e foi conduzido para cima ao céu...e enquanto eles estavam com os olhos fixos ao céu, depois dele ter ido, eis que dois homens de roupas brancas se puseram junto a eles; os quais também disseram: Homens galileus, por que estais olhando para o céu? Este Jesus, que foi tomado de vós acima ao céu, assim virá, da maneira como o vistes ir ao céu.

❧ *Os discípulos retornam a Jerusalém* (Lc 24:52, At 1:12)

E eles, adorando-o, voltaram para Jerusalém com grande alegria; E estavam sempre no Templo, louvando e bendizendo a Deus. Então eles voltaram a Jerusalém do monte que se chama das Oliveiras, o qual está perto de Jerusalém à distância de um caminho de sábado. E ao entrarem, subiram ao cômodo superior, onde ficaram Pedro, Tiago, João, André, Filipe, Tomé, Bartolomeu, Mateus, Tiago filho de Alfeu, Simão Zelote e Judas irmão de Tiago. Todos estes perseveravam concordando em orações, e petições, com as mulheres, com Maria a mãe de Jesus, e com os irmãos dele.

❧ *O substituto de Judas Iscariotes* (At 1:15, At 1:21)

E em algum daqueles dias, havendo uma multidão reunida de cerca de cento e vinte pessoas, Pedro se levantou no meio dos discípulos e disse: Homens irmãos, era necessário que se cumprisse a Escritura, que o Espírito Santo, por meio da boca de Davi, predisse quanto a Judas, que foi o guia daqueles que prenderam a Jesus.

Porque ele foi contado conosco, e obteve uma porção neste ministério. Portanto é necessário, que dos homens que nos acompanharam todo o tempo em que o Senhor Jesus entrava e saía conosco, começando desde o batismo de João, até o dia em que diante de nós ele foi recebido acima, se faça um destes testemunha conosco de sua ressurreição. E apresentaram dois: a José, chamado Barsabás, que tinha por sobrenome o Justo; e a Matias.

E orando, disseram: Tu, Senhor, conhecedor dos corações de todos, mostra a qual destes dois tu tens escolhido. Para que ele tome parte deste ministério e apostolado, do qual Judas se desviou para ir a seu próprio lugar. E lançaram-lhes as sortes; e caiu a sorte sobre Matias. E ele passou a ser contado junto com os onze apóstolos.

Mas Pedro, pondo-se de pé com os onze, levantou sua voz, e lhes falou: Homens judeus, e todos os que habitais em Jerusalém, seja isto conhecido, e ouvi minhas palavras: Porque estes não estão bêbados, como vós pensais, sendo ainda a terceira hora do dia.

Mas isto é o que foi dito por meio do profeta Joel: **E será nos últimos dias, diz Deus, que: Eu derramarei do meu Espírito sobre toda carne,** e vossos filhos e filhas profetizarão, e vossos rapazes terão visões, e vossos velhos sonharão sonhos; E também sobre meus servos e sobre minhas servas, naqueles dias eu derramarei do meu Espírito, e profetizarão. E darei milagres acima no céu, e sinais abaixo na terra; sangue, fogo, e vapor de fumaça; O sol se converterá em trevas, e a lua em sangue, antes que venha o grande e notório dia do Senhor. E será que todo aquele que chamar ao nome do Senhor será salvo.

Homens israelitas, ouvi estas palavras: Jesus o nazareno, homem aprovado por Deus entre vós, com maravilhas, milagres e sinais, que Deus fez por meio dele no meio de vós, assim como vós mesmos também sabeis; Este, sendo entregue pelo determinado conselho e conhecimento prévio de Deus, sendo tomando, pelas mãos de injustos o crucificastes e matastes; Ao qual Deus ressuscitou, tendo soltado as dores da morte; porque não era possível ele ser retido por ela; Porque Davi diz sobre ele: Eu sempre via ao Senhor diante de mim, porque ele está à minha direita, para que eu não seja abalado. Por isso meu coração está contente, e minha língua se alegra, e até mesmo minha carne repousará em esperança. Pois tu não abandonarás minha alma no mundo dos mortos, nem entregarás a teu santo, para que veja corrupção. Tu tens me feito conhecer os caminhos da vida; tu me encherás de alegria com tua face. Homens irmãos, é lícito eu vos dizer abertamente sobre o patriarca Davi, que morreu, e foi sepultado, e a sepultura dele está conosco até o dia de hoje. Portanto, sendo ele profeta, e sabendo que Deus tinha lhe prometido com juramento que, da sua descendência segundo a carne, levantaria ao Cristo para se sentar no seu trono; Vendo-o com antecedência, falou da ressurreição do Cristo, que a alma dele não foi abandonada no mundo dos mortos, nem a carne dele viu corrupção. A este Jesus Deus ressuscitou; do qual todos nós somos testemunhas.

Portanto, tendo sido exaltado à direita de Deus, e recebido do Pai a promessa do Espírito Santo, derramou isto que agora estais vendo e ouvindo.

Porque Davi não subiu aos céus; mas sim, ele diz: Disse o Senhor a meu Senhor: Senta-te à minha direita, até que eu ponha teus inimigos por escabelo de teus pés. Saiba então com certeza toda a casa de Israel, que Deus o fez Senhor e Cristo a este Jesus, que vós crucificastes.

E eles, ao ouvirem estas coisas, foram afligidos como que perfurados de coração, e disseram a Pedro, e aos outros apóstolos: Que faremos, homens irmãos? E Pedro lhes disse: **Arrependei-vos, e batize-se cada um de vós no nome de Jesus Cristo, para perdão dos pecados; e vós recebereis o dom do Espírito Santo.** Porque a promessa é para vós, e para vossos filhos, e para todos que ainda estão longe, a tantos quantos Deus, nosso Senhor, chamar. E com muitas outras palavras ele dava testemunho, e exortava, dizendo: Salvai-vos desta geração perversa!

Então os que receberam a palavra dele de boa vontade foram batizados; e foram adicionados naquele dia quase três mil pessoas. E eles perseveravam na doutrina dos apóstolos, na comunhão, no partir do pão, e nas orações. E houve temor em toda alma; e muitos milagres e sinais foram feitos pelos apóstolos.

✤ *O relato final (Jo 20:30, 21:25)*

Jesus fez também ainda muitos outros sinais ainda em presença de seus discípulos, que neste livro não estão escritos; **Porém estes estão escritos, para que creiais que Jesus é o Cristo, o Filho de Deus**; e para que crendo, tenhais vida em seu nome...

Ainda há, porém, muitas outras coisas que Jesus fez, que se sobre cada uma delas se escrevessem, penso que nem mesmo o mundo poderia caber os livros escritos. Amém.

A visão de João do Jesus glorificado (Ap 19:11)

E eu vi o céu aberto; e eis um cavalo branco; e o que estava sentado sobre ele era chamado Fiel e Verdadeiro, e em justiça ele julga e guerreia. E os olhos dele eram como uma chama de fogo; e sobre a cabeça dele havia muitos diademas, e ele tinha um nome escrito, que ninguém sabia, a não ser ele mesmo. E ele estava vestido de uma roupa tingida em sangue, e o nome dele é chamado Palavra de Deus. E os exércitos no céu o seguiam em cavalos brancos, vestidos de linho fino branco e puro. E da boca dele saía uma espada afiada, para com ela ferir as nações; e ele as dominará com vara de ferro; e ele pisa o lagar do vinho da ira e da indignação do Deus Todo-Poderoso. E ele tem sobre sua roupa e sobre sua coxa escrito este nome: Rei dos Reis, e Senhor dos Senhores.

A visão de João do novo céu e da nova terra (Ap 21:1)

E eu vi um novo céu e uma nova terra; porque o primeiro céu e a primeira terra já passaram; e já não havia mar. E eu, João, vi a cidade santa, a nova Jerusalém, descendo do céu vinda de Deus, preparada como noiva, adornada para seu marido.

E eu ouvi uma grande voz do céu, dizendo: Eis que o tabernáculo de Deus está com os homens, e com eles habitará, e eles serão seu povo, e o próprio Deus estará com eles, e será seu Deus.

E Deus limpará toda lágrima dos olhos deles; e não haverá mais morte, nem pranto, nem clamor, nem mais haverá dor; porque as primeiras coisas já passaram.

E o que estava sentado sobre o trono disse: Eis que eu faço novas todas as coisas. E ele me disse: Escreve, porque estas palavras são verdadeiras e fiéis. E ele me disse: Está feito. Eu sou o Alfa e o Ômega, o princípio e o fim. Quem tiver sede, de graça eu lhe darei da fonte da água da vida.

"Quem vencer herdará todas as coisas; e eu serei seu Deus, e ele será meu filho."

Os nomes, referências e significados de Jesus

1. Maravilhoso, Conselheiro, Deus Poderoso, Pai Eterno, Príncipe da Paz. (Is 9:6)
2. Salvador, Cristo (ungido), Senhor (Lc 2:11)
3. Ressurreição e Vida (Jo 11:25)
4. Todo-Poderoso (Ap 1:8)
5. A imagem do Deus invisível, o Primogênito de toda a criação. (Cl 1:15)
6. O caminho, a verdade e a vida (Jo 14:6)
7. O pão da vida (Jo 6:35)
8. A luz do mundo (Jo 8:12)
9. O Salvador do mundo (Jo 4:42)
10. O Leão da tribo de Judá, A Raiz de Davi (Ap 5:5)
11. O bom Pastor (Jo 10:11)
12. O cabeça da igreja (Ef 5:23)
13. A videira verdadeira (Jo 15:1)
14. O Sol da justiça (Ml 4:2)
15. O sumo Pastor (I Pe 5:4)
16. O Alfa e o Ômega (Ap 22:13)
17. O Filho do Altíssimo (Lc 1:32)
18. O Filho do Deus vivo (Mt 16:16)
19. O Filho do Homem (Mt 24:30)
20. Filho Amado (Mc 1:11)
21. Filho de Deus (Mc 1:1)
22. Filho de Davi (Mt 21:9)
23. Filho do Pai (II Jo 1:3)
24. Sumo Sacerdote (Hb 4:14)
25. O Rei da glória (Sl 24:9)
26. Rei dos reis (I Tm 6:15)
27. Rei das Nações (Ap 15:3)
28. Rei (Lc 19:38)
29. Rei dos Judeus (Lc 23:38)
30. Rei de Israel (Jo 12:13)
31. Porta das ovelhas (Jo 10:7)
32. O Cordeiro de Deus (Jo 1:29)
33. O Nazareno (Mc 16:6)
34. Justo (At 22:14)
35. O justo juiz (II Tm 4:8)
36. O autor da salvação (Hb 2:10)
37. Príncipe da vida (At 3:15)
38. Advogado (I Jo 2:1)
39. O carpinteiro (Mc 6:3)
40. O nosso Salvador (Tt 1:4)
41. Jesus de Nazaré (At 10:38)
42. Jesus, o Galileu (Mt 26:69)
43. Aquele que havia de vir (Rm 5:14)
44. Bom Mestre (Mc 10:17)
45. Emanuel, Deus conosco (Is 7:14)
46. O Verbo (Jo 1:1)

47. Pedra viva (I Pe 2:4)
48. Pedra Espiritual (I Co 10:4)
49. Pedra Angular (I Pe 2:7)
50. Aquele que batiza com o Espírito Santo (Jo 1:33)
51. O Messias (Jo 1:41)
52. A luz dos homens (Jo 1:4)
53. O Libertador (Rm 11:26)
54. A videira (Jo 15:5)
55. Rabino (Jo 1:38)
56. Estrela da Manhã (Ap 22:16)
57. A raiz e descendência de Davi (Ap 22:16)
58. Rei dos Reis, e Senhor dos Senhores. (Ap 19:16)
59. O Libertador (Rm 11:26)
60. Amado (Ef 1:6)
61. Bendito (Mc 23:39)
62. O Cordeiro de Deus (Jo 1:29)
63. Autor e Consumador da fé (Hb 12:2)
64. Pastor e Supervisor de vossas almas (I Pe 2:25)
65. Cristo de Deus (I Co 3:23)
66. Mediador (I Tm 2:5)
67. Príncipe da vida (At 3:15)
68. Noivo (Mt 25:1)
69. Fiel Testemunha (Ap 1:5)
70. Primícias dos que dormem (I Co 15:20)
71. Chefe dos reis da terra (Ap 1:5)
72. Primícias dos que dormem (I Co 15:20)
73. Senhor (Mc 16:19)
74. Santo e Verdadeiro Soberano (Ap 6:10)
75. Descendente de Mulher (Gn 3:15)
76. O que testemunha de si mesmo (Jo 8:18)
77. O Eleito de Deus (Lc 9:35)
78. A Plenitude da divindade (Co 2:9)
79. Legislador (Tg 4:12)
80. Messias (Jo 1:41)
81. Santo e Verdadeiro Soberano (Ap 6:10)
82. Fiel e Verdadeiro (Ap 19:11)
83. Ministro do santuário e do verdadeiro tabernáculo (Hb 8:2)
84. Ministro da circuncisão (Rm 15:08)
85. Sumo Sacerdote dos bens futuros (Hb 9:11)
86. Herdeiro de todas as coisas (Hb 1:2)

Índice

www.ingramcontent.com/pod-product-compliance
Lightning Source LLC
Chambersburg PA
CBHW060926040426
42445CB00011B/804